培养孩子高效的学习习惯

Efficient Habits

岳志兵 ◎ 编著

中国纺织出版社有限公司

内 容 提 要

当代著名教育家叶圣陶说："什么是教育,简单的一句话,就是要养成良好的习惯。"青少年正处于习惯养成的关键时期,尽早培养他们良好的学习习惯对于他们的成长十分重要。对孩子来说,好的学习习惯一旦形成,就会终身受用,这是一种无形的力量,是助力孩子成才、成长的积极因素。

本书主要分析学生在学习过程中应该注意的关键要素,结合许多优秀学生的学习经历,从培养学生学习习惯的细节着手,引导孩子克服学习过程中的不良习惯,养成高效学习的习惯,从而不断提高学习成绩。

图书在版编目（CIP）数据

培养孩子高效的学习习惯/岳志兵编著. --北京：中国纺织出版社有限公司,2023.12

ISBN 978-7-5064-7856-4

Ⅰ．①培… Ⅱ．①岳… Ⅲ．①小学生—学习能力—能力培养 Ⅳ．①G622.46

中国国家版本馆CIP数据核字（2023）第148298号

责任编辑：刘桐妍　　责任校对：高 涵　　责任印制：储志伟

中国纺织出版社有限公司出版发行
地址：北京市朝阳区百子湾东里A407号楼　邮政编码：100124
销售电话：010—67004422　传真：010—87155801
http://www.c-textilep.com
中国纺织出版社天猫旗舰店
官方微博 http://weibo.com/2119887771
天津千鹤文化传播有限公司印刷　各地新华书店经销
2023年12月第1版第1次印刷
开本：710×1000　1/16　印张：10
字数：115千字　定价：49.80元

凡购本书，如有缺页、倒页、脱页，由本社图书营销中心调换

前言

有人说:"播种一种行为,收获一种习惯;播种一种习惯,收获一种性格;播种一种性格,收获一种命运。"习惯对于人一生的重要性不言而喻,尤其是学习习惯。学习习惯不但影响学生的学习,而且对他们以后的工作也会产生很大的影响。

现实生活中,许多孩子在学习习惯方面都存在不同的问题。比如有的孩子写作业拖拉、看题不认真、忘记写作业、写完作业没有检查的习惯等。并非这些孩子智商不够高,而是他们一直以来的学习习惯不好,所以导致成绩较差。好的学习成绩离不开良好的学习习惯,对于自主性养成阶段的孩子来说,良好的学习习惯不仅影响着孩子的学习,还有可能对孩子其他方面的习惯养成起到引导性作用。

培养良好的学习习惯,是孩子成材的一个至关重要的问题。古人曾说:"养其习于童蒙,则作圣之基立于此。"小学6年是孩子形成良好学习习惯的重要时期,应及早培养。等孩子长大成人,再想纠正坏习惯、培养好习惯就很难了。孩子要学会学习,必须培养良好的学习习惯,这对发展孩子的智力和能力,提高学习成绩都有极其重要的意义。

学习习惯是指学生在长期的学习实践中逐渐形成的不需要意志努力和监督的自动化行为倾向。学习习惯有好坏之分,比如自主整理课本的知识框架、建立错题集、阅读积累、课前预习课后复习、认真完成作业等都是良好的学习习惯。具备良好的学习习惯,学生才可以轻松快捷地学好知识。

良好的学习习惯是一种良好的非智力因素,是学生必备的素质。虽然良好的学习习惯只是众多良好习惯的一小部分,但是培养良好的习惯是素质教育

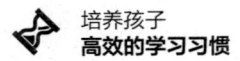

的归宿，素质只有化为习惯，才能成为终生受用的财富。良好的学习习惯有利于激发学生学习的积极性和主动性，有利于形成学习策略，提高学习效率，有利于培养孩子的自主学习能力、创新精神和创造能力，使孩子终生受益。对孩子来说，拥有了良好的学习习惯，心中就多一份自信，人生就多一份成功的机会和机遇，生命里就多一份享受美好生活的能力。

编著者

2022年7月

目录

第1章 学习习惯好，学习效率自然翻倍 …………… 001

找到学习目的，提高学习能力 ……………………003
远离不良情绪，积极面对学习 ……………………006
合理的学习计划，让你事半功倍 …………………009
敢于提问，有疑问才能促进学习 …………………012

第2章 高效率听课，利用课堂45分钟拿高分………… 015

把握课堂45分钟，胜过课后几小时 ………………017
抓住课堂关键点，提升学习效率 …………………019
带着问题听课，带着思考交流 ……………………022
多与老师互动，不会走神效果还好 ………………025
做好课堂笔记，好记性不如烂笔头 ………………028

第3章 做好预习和复习，轻松应对学习重难点 ……… 031

做好预习应注意的事项 ……………………………033
掌握预习技巧，学习上快人一步 …………………036
有效复习胜过盲目学习 ……………………………039
有效复习的常用方法 ………………………………041

第4章 制订学习计划，让学习内容有章可循 ………… 043

计划，让学习成为习惯 ……………………………045

科学地制订学习计划 …………………………………… 049
学习计划要有效结合课堂和课余 ……………………… 052
善于平衡学校安排和自我计划 ………………………… 056
确保学习计划的灵活性和可执行性 …………………… 059

第 5 章　培养自学能力，充分利用时间 ………………… 063

确定学习方向，提高学习效率 ………………………… 065
掌握自学方法，学什么都快 …………………………… 068
主动自觉学习，摆脱拖延症 …………………………… 071
因时制宜，充分利用课余时间学习 …………………… 074
利用寒暑假巩固学习成果 ……………………………… 076

第 6 章　巧用"题海战术"，始终保持题感和效率 …… 079

掌握答题技巧，独立做题不发愁 ……………………… 081
利用好错题集，提高复习效率 ………………………… 084
做题目讲究质量，而不是数量 ………………………… 087
规范答题思路，选择性做题 …………………………… 090

第 7 章　善于管理时间，做时间的主人 ………………… 093

掌握技巧助你学习时间更充沛 ………………………… 095
抓住学习的黄金时段，莫负好时光 …………………… 098
合理安排时间，将效率最大化 ………………………… 101
劳逸结合，把握好学习节奏 …………………………… 103

第 8 章　拓展课外阅读，让孩子视野更开阔 …………… **107**

每天读书可以让人最快增值 ………………………… **109**
广泛阅读，学习各个学科的知识 …………………… **111**
多阅读不同领域的高质量书籍 ……………………… **113**
掌握阅读方法，提升阅读效果 ……………………… **115**
英语课外阅读，提升英语学习能力 ………………… **118**

第 9 章　敢于质疑提问，学习要有创造性思维 ………… **121**

独立思考，别总是随波逐流 ………………………… **123**
有疑即问，别让问题过夜 …………………………… **127**
向自己发问，每天睡前自省 ………………………… **130**
向同学请教，在共同学习中提高 …………………… **133**

第 10 章　破解考试秘诀，轻松取得理想成绩 ………… **137**

考试没有捷径，主动学习才是王道 ………………… **139**
端正心态，轻松迎考 ………………………………… **141**
临场应试技巧，提高考试成功率 …………………… **144**
放松心情，缓解大考前的焦虑心理 ………………… **148**

参考文献……………………………………………… **151**

第 1 章

学习习惯好，学习效率自然翻倍

所谓习惯，就是经过重复练习而巩固下来的思维模式与行为方式。学习习惯就是在不间断的学习实践中养成的自然表现出来的学习上的惯性行为。良好的学习习惯是一种能提高学习效率的自觉学习行为，所以对我们每个人的学习都必不可少。

找到学习目的，提高学习能力

我们一直被那句振奋人心的"为中华之崛起而读书"教育着、激励着。年纪尚小的我们不知道其真实含义，长大后才开始确立具体的学习目标。有的人为了脱离贫困的生活而学习，有的人为了文凭而学习，有的人为了将来的铁饭碗而学习，有的人为了升官发财而学习，有的人为了升职加薪而学习。学习功利性越来越强，不免让我们大脑中产生了问号：我到底为何而学习？

这是一位初中学生的日记：

进入初二之后，老师天天挂在嘴边的就是中考、高中，班会课上老师总是说："我希望在座的同学能够认清学习的目的，从现在开始，努力学习，为了最后一年的冲刺打下坚实的基础，两年后，我希望你们都能进入自己理想的高中。"而父母经常说的一句话就是："好好学习，为了自己能有一个美好的将来。"可那美好的将来不就是希望自己能过得很好吗？要想过得好金钱是必不可少的。难道学习真的是为了挣更多的钱吗？

学习到底是为了什么呢？学习就是为了考高中、考大学，为了那张文凭，之后出来还不是挣钱，说到底我们这么拼命学习就是为了挣钱吗？可表哥没有上学，也成了大老板，车子房子都有了，这又作何解释呢？我一直在为这个问题苦恼着，直到今天爸爸的一番话，我才醒悟过来，他对我说："上高中并不是为了挣钱，而是为了学知识，学习就是不断地丰富你的人生，丰富你的心灵。有知识的人，他的气质、修养、内涵都是不一样的，拿文凭只是一个功利性目的。"

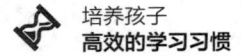

事实上,学习的最终目的不是为了金钱,也不是为了文凭,而是为了完善自我,丰富心灵,充实自己的生活,妆点自己的人生。学习并不是单纯地学习,我们可以通过学习学到很多做人的道理,怎么说话、怎么与人交际、怎么取得成功、怎么解决问题。在学习的过程中,我们的智力得到了挖掘,大脑得到了开发;在学习过程中,我们不断地变得聪明,变得知识丰富;在学习过程中,我们还能感受到学习带来的愉悦,精神上莫大的满足。作为学生要认清学习的目的,这样才有利于端正自己的学习态度。

现在我们生活在和平时代,也许读书报国的使命感、责任感没有那么的强烈。但是,当你看到我国奥运健儿在奥运会上获得金牌就会明白,这样的使命感、责任感、民族荣誉感一直都在,当运动健儿经过艰辛的训练获得了成功,当五星红旗在奥运会赛场冉冉升起时,每一个中国人都会感到由衷的骄傲与自豪。那么,当你在学习上取得了荣誉,为班级、为学校,甚至为国家争得荣誉的时候,相信你的感觉是一样的,这就是为什么周总理的那句"为中华之崛起而读书"一直激励着我们。

如果你以功利性为目的地学习,那只能培养出自己浮躁的拜金主义,是学不到真本领的。功利性地学习是不稳定的,当你发现学习不能为你谋取经济利益时,就会转向其他方面。甚至到某些时候,只要能挣到钱,不管这样的学习内容适不适合自己,都硬着头皮学,结果只会使自己事倍功半。

一位中考状元在谈到自己的目标时说:"我从小的梦想就是考上复旦大学,当我疲惫不想坚持的时候,我就想到自己的梦想;当我遇到困难想逃避的时候,我的梦想告诉我不能放弃;当我获得小成功时,我告诉自己笑到最后才是赢。"学习需要策略,而制定策略的第一步就是明确自己的目标,有目标才会有动力。

目标应该是需要跳起来才能够得着的果实。假如你顺手就可以摘到或跳得再高也够不着那都不叫目标。学习目标不能定得太高,也不能太低。目标太高，会觉得太难而丧失信心；目标太低，会觉得太容易而丧失积极性。假如你现在是中下游的水平，那么学习目标就应该是进步；假如你是上游水平，那学习目标就应该是进一步提升。每个学生需要根据自己的情况制订自己的目标，只有当你总想跳起来去摘成功果实的时候，才算是找准了学习的方向。

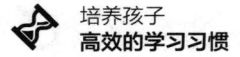

远离不良情绪，积极面对学习

古话说得好："兵马未动，粮草先行。"对于考试而言，心态无疑是战时粮草，需要在战前就调整到位，才能为克敌制胜提供保障。心态是什么？心态就是性格加态度。性格是一个人独特而稳定的个性特征，它表现为一个人对现实的心理认知和相应的习惯化的行为方式，而态度则是一个人对客观事物的心理反应。对考试而言，心态就是指与学习和考试相关的心理、情绪、感情、意志等。对于中学生而言，到了初三会面临一个心态调整的问题。初三的考试多得如吃饭一般平常，在这么多场考试之中，难免会有考得好和考得不好的时候。考得好时可以给自己多一些鼓励，而考得不好的时候，心态就会受到影响，有的同学会担心如果中考也和这次一样考砸了怎么办。其实，出现这样的心态变化是正常的，关键在于我们要及时调整这种得失心态，克服自己情绪起伏较大的坏习惯。

第一次月考测试成绩出来了，小南成功地跻身年级前十名。当他在密密麻麻的成绩报告单上发现自己的名字赫然在前十名时，他高兴得跳了起来，并觉得自己现在的成绩算是有点稳了，便没怎么在意之后的复习计划。他还是按照之前的学习方法学习，不过，状态明显地松弛下来，他不再那么紧张地学习。每到晚上做练习的时候，他常常偷懒。很快，迎来了第二次月考，不知道是小南学习方法不对，还是状态不集中，竟然出现了"滑铁卢"，之前小南的成绩虽然不能名列前茅，但总是年级前十五名左右，但这次不仅跌出了前十名，而且落到了三十名之外。

第1章　学习习惯好，学习效率自然翻倍

在学习过程中，我们会遇到大大小小的考试，我们的心情往往会随着考试成绩而忽上忽下，成绩提高了，我们会变得异常兴奋，觉得自己升学有希望；成绩下降了便灰心丧气，觉得自己的名校梦破碎了。虽然这都是正常的情绪反应，但在升学的重要阶段，我们的任何心态都将影响学习，比如，当我们为成绩提高而高兴的时候，就会不自觉地放松学习；当我们为成绩不佳而灰心的时候，更没有精力好好学习。因此，在考试的成功与失利面前，我们要端正自己的心态，正所谓"胜败乃兵家常事"，无论这次是成功还是失败，只要自己一如既往地学习，那么成功总有一天会属于我们的。

在即将升学的这一阶段，每分每秒都很宝贵，我们没有时间去高兴、沮丧，我们所需要做的就是以一颗平常心来面对考试的失利与成功。考试失利了，要学会总结经验和教训，为下一次成功做准备；考试成功了，要提醒自己，还需要更多的努力，才能保证成绩稳定。总而言之，对待考试，要以正确的心态面对。

范仲淹说："不以物喜，不以己悲。"很多事情都有可能有失败与成功两种结果，我们需要做的就是保持正确的心态。如果心态比较浮躁，那么在考试成功的时候就会欣喜若狂，内心滋生出骄傲的情绪，甚至会放松自己的学习；而在面对考试失利的时候，我们就会灰心丧气，一蹶不振。

无论是骄傲还是丧气都是不正确的，最好的心态就是以一颗平常心面对考试结果，在成功面前保持谦虚的态度，在失败面前依然充满着信心。

现代社会依然是以应试教育为主，也就意味着以分数来判定一个人是失败还是成功。应试教育本身是有欠缺的，仅凭着考试的分数来判断学生的知识如何、能力如何是不妥当的。因此，如果我们真的尽力了，不要太在意考试的失败与成功，因为你学到的知识是不能被分数所替代的。

考试的失败与成功只是一件小事，相比于生活中的许多困难与挫折，考试失利只是一件微不足道的事情。人生漫漫长路不会一帆风顺，总是有着这样

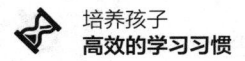

或那样的挫折与困难,而当我们在面对这些困难与挫折时,我们需要学会正确对待。

在学习过程中,暂时的情绪低落未必是一件坏事情,关键是看我们怎么调整。我们可以选择听歌、看电影来缓解,假如还是没办法排解自己内心的忧愁,那就找父母、同学、老师聊聊天。许多事情憋在心里,时间长了就会成为负担,甚至会成为前进路上的绊脚石,不要担心老师或父母会责怪自己。只要我们能够敞开心扉,把烦恼说出来,便没有什么解决不了的问题。

合理的学习计划，让你事半功倍

学习并不是一朝一夕的事情，古人寒窗十载，才得以金榜题名，尽管现在废除了八股取士，但一个学生在走上社会之前还是需要经过十几年的读书生涯，读那么长时间的书，显然计划是不可少的。俗话说得好："宜未雨而绸缪，勿临渴而掘井。"众所周知，学习需要不断温故而知新，因此计划也可以分为学习计划与复习计划。同时计划又应该分为长期计划与短期计划。比如，针对中考，从刚入学开始，就应该有明确的目标：考高中，考什么样的高中，中考要达到什么成绩，这是学习计划的终极目标。然后我们就可以根据这个目标制订远近期计划。

对于长期计划，一个学期、一个学年都可以，不过通常情况下以一学期为宜。计划的内容应该包括这两个方面：一方面是打算考到什么样的名次，包括底线名次和前进几个名次；另一方面是对总分以及各科分数的阶段性要求，这会让你在短期内有了目标，在每次小测验、单元考中向所定的目标靠拢，不过切记目标不可定得太高，如果结果离目标太远反而会打击自己的自信心。

对于短期计划，可以是一周甚至短至一天的计划，可以使自己对学过的东西有更好的掌握。对于一周的计划，每周可以设定一至两个重点科目。假如你对知识的渴望超过了对升学的热衷，计划中的自由时间可以多一些，反之可以少一些。对于一天的计划而言，要注意对老师所讲内容留出消化的时间，并留出适当的机动时间以备调整。当然，不管是长期计划还是短期计划都应该符

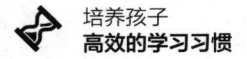

合自身情况,并要结合学习进度进行调整,这样才能达到预期效果。

小研是某中学初三的一名学生,在今年的中考中她取得了班级第一名。小研表示自己平时在期中、期末考试时也都是班里的第一名。说到考试取得高分的经验,小研表示也没什么特别的,就是平时要给自己制订好学习计划,并按部就班地履行计划。"我特别重视学习计划,计划好的事情必须在规定的时间内做完,完不成计划的话我心里就会感觉很别扭。"

"饭要一口一口地吃,事情要一件一件地做"。作为要迎接中考的学生,既要做好切实可行的周密计划,又要做好及时调整自己复习策略的准备,这样才能够以最佳的方式获得最佳效果。我曾有个同学学习成绩很好但个性倔强,在中考之前偶然与老师发生了一点摩擦,就放弃了在校复习,独自在家里制订复习计划,拒绝家教,拒绝参加模拟测试,结果中考成绩很不理想,不得不进入自己不满意的学校就读。

"当然,在针对中考的复习中,每个人都会有自己的想法,有的打算放弃某些短项学科,努力提高长项学科的成绩;也有的拼命补习自己的差科,死啃到底。殊不知,任何事情走到了极端就会有失偏颇。我的建议是,在自我感觉良好的时候,我们也要经常做一些瞻前顾后的事情,在各学科老师的指导下扬长补短。毕竟老师陪伴我们那么长的时间,对我们每个学生的情况知根知底。因此,在我们制订长期计划时不妨征求一下老师的意见,及时做出调整,做一些个人计划与老师建议相结合的短期计划,努力使自己的复习达到最佳状态。"

一个全面而具体的计划,既要安排好学习时间,又要安排好锻炼身体和休息时间;既要有长计划又要有短安排。长计划就是说比如这周、这个月或这个学期,要做好哪几件事情,怎么去做,预先有个大概的打算。短安排是指具体到一天或近几天的做法,既要有各学科的统筹兼顾,也要有某个学科的详细安排,比如在一天的自修时间里,课后复习应该占多长时间,课外作业占多长时间，第二天即将上课的课前预习又要占去多长时间，都要有大体的预估。如此才能防止顾此失彼，不仅保证我们能以充沛的精力以及较高的效率进行学习，又可以保证睡眠、休息和锻炼的时间。

许多学生都有这样的体会，在一段长时间的自习时间里，比如4小时，他差不多只做了10分钟的练习就坐不住了，总想着去看电视、上网或逛街，结果白白浪费掉大好时光。其实这就是缺乏长短期计划的结果，短期计划，比如刚才所说的4小时自习，分成若干段，每段时间专注于一科，小结或做题，都一一计划好；长期计划，比如5月看课本计划，用半个月的时间看完一本课本，每天看几页，一天中的哪个时段看，都预先拿一张大白纸写下来，每天看完后做好标记。

有的学生感觉自己越练习越不会做，其实这都是不注意小结造成的。题海是一个黑洞，有的学生一旦陷入其中就难以自拔，一个劲地往里钻。以初三学生为例，第一轮复习时，学校的作息时间是每周六下午放假，怎么利用这段时间呢？不要一味地做练习，也不应彻底地休息，而是复习一周的笔记和错题集。按照复习的进度，差不多一周复习完一章，因此每周六就成为了一个"小结日"。到了第二轮复习，你可以每半个月小结一次，看第一轮的笔记，总结第二轮大量练习的得失。小结是检验自己短期计划以达到长期计划的过程，对于学习能取得事半功倍的效果具有重要意义。

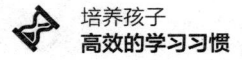
培养孩子
高效的学习习惯

敢于提问，有疑问才能促进学习

作为学生，需要在课堂上大胆质疑，敢于提问。学问，学问，学习就是要开口问，不懂装懂只会害了自己。提问是主动学习的表现，而能提出问题的学生往往有着更强的学习能力，他们的思维往往是创新的。

李四光小时候常常一个人靠着家乡那些来历不明的石头遐想，并提出一系列问题，比如"为什么这里会出现这些孤零零的巨石""它们是借助什么力量到这儿来的"。长大后的李四光如愿进入了北大地质系主讲岩石学和高等岩石学两门课程。在教学的同时，他对自己的研究工作也丝毫没有放松。他从来不为已有的观点和学说所束缚，而是按照自然规律去寻找那些尚未被人们认识和掌握的真理。

19世纪，不断有德国、美国、法国等国的地质学家来到中国勘探矿产，考察地质。然而，他们并没有在中国发现过冰川现象，于是，"中国不存在第四纪冰川"成为地质学界的一个定论。李四光重新回忆起那些问题"为什么这里会出现孤零零的巨石""它们是借助什么力量到这儿来的"，他开始致力于这方面的研究。他在太行山东麓发现了一块很像冰川条痕石的石头，经过不断研究，他越来越坚信一个判断，那就是中国存在着第四纪冰川。不过，他的这一观点却遭到了国外学者的否定。

为了解决自己儿时的问题，同时，也为了证实自己的观点，他继续寻找着更多的冰川遗迹，在长达10年的研究期间，他得出了庐山有大量冰川遗迹的结论。李四光这一学术观点发表后，引起了1934年著名的庐山辩论，1936年，

第1章
学习习惯好，学习效率自然翻倍

李四光回到黄山考察，并写了《安徽黄山之第四纪冰川现象》的论文，引起了中外学者的注意，他经过40多年的努力，解释了童年时期提出的问题，而自己的学术观点也第一次得到了国外科学家的公开承认。

因为质疑，李四光揭开了地质学的奥秘，对此，他说："不怀疑不能见真理，所以我希望大家都采取怀疑态度，不要为已成的学说压倒。"

爱因斯坦曾说："提出一个问题往往比解决一个问题更重要，因为解决一个问题也许是数学经验或实践上的一个技巧而已，而提出新的问题、新的可能性，从新的角度看旧的问题，却需要创造性的想象力，而且标志着科学的真正进步。"因此，大胆提出问题对于开发学生的智力、培养创新意识和实践能力是十分重要的。

我们所处的世界存在着许许多多我们难以理解的事物，诸如"太阳为什么东升西落""人为什么要吃饭"等，也许我们所思索的许多问题都只停留在事物的表面，甚至有些问题是相当幼稚的，但是千万不要认为这些问题是没必要的，甚至担心提出这样的问题会受到父母或老师们的嘲笑，我们应保持提问的热情，只要有问题就应该大胆提出来。

同时，我们还要有怀疑精神。也许老师或父母会告诉你"这就是真理""这是唯一正确的标准答案"，然而，无论是面对任何真理，还是所谓的正确答案，我们都应该有一种怀疑的精神，正如李四光所说"不怀疑不见真理"，只有经得起检验的理论才是真正的真理，而怀疑不过是检验的一个步骤而已。有疑问就要提出问题，尤其是提出一些自己尝试解决而不能解决的问题，真正培养自己科学的态度和探索的精神。

不过，并不是每一次提问都能够直接获得答案，通常情况下，老师或者父母会引导我们展开思考，独立解决这些问题。因此，我们在提问的同时还应该拥有探索的精神，朝着问题的方向不断拓展自己的思维，尽可能通过自己的思考与实践解决那些难以理解的问题。

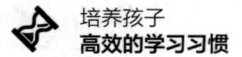

培养自己提问的能力是一个循序渐进、逐步提高的过程，刚开始的时候，我们应该积极思考，激发自己想要提问的欲望。我们在学习过程中，常常会遇到一些不懂、难懂的地方，这就是所谓的疑问，也是我们学习过程的障碍。我们要想获得知识，就必须跨过这些障碍，解决这些疑问。因此，发现问题、提出问题是我们必然要经历的过程。善于提问，不仅可以开发自己的大脑，有效地提高智商，还能够在解决问题的过程中获得一系列知识。

第 2 章

高效率听课，
利用课堂 45 分钟拿高分

在全日制学校里，一周要是上 32~34 节课，每学期 640~680 节课。对于学生而言，他们获取各科知识主要是通过课堂学习的形式，因而他们中学时代的大部分光阴是在课内度过的。对他们而言，上课是学习的中心环节，只有抓住这个中心环节，才能使学习获得成功。

第2章
高效率听课，利用课堂45分钟拿高分

把握课堂 45 分钟，胜过课后几小时

一些教育专家认为，课堂45分钟比上补习班重要。许多同学课上没搞清楚的问题，课后4小时、40小时都难以搞清楚。曾经有位成绩优异的学生建议："我从来就不上补习班，一般在课堂上就会把知识消化掉。当然，要上好45分钟的课，充分的预习十分重要，我一般都会在课前就把课文精读一两遍，梳理文章的结构，这样在课上才能轻松跟上老师的节奏，做好互动和讨论。我建议成绩不是很差的同学没必要上补习班，有不懂的就跟同学多讨论，也可以找自己的老师帮忙，这样效果还会好一些。同时，我们要多注意细节上的学习，上课老师讲的小知识点、高频率的词组，可以记在本子上，开周会或者别的空当时间就拿出来看看，这样非常有效果。"

我们可以想一想，什么时候自己的学习效率会比较高呢？比如，赶作业时学习效率高，考试之前的学习效率高，为了应对课堂老师的提问，课间十分钟的突击学习效率高。这是因为在有限的时间里，有了具体的学习任务，以及没有完成任务的后果很严重。所以，当一个人注意力非常集中的时候，学习效率就很高。

我们都知道，课堂45分钟就是老师传授知识精华的45分钟，可以说每一个45分钟都是不重复的知识内容，错过了几分钟，就会错过一个知识点。在这45分钟里，我们要全身心地投入，脑、眼、口、手都派上用场，要紧跟老师的思路，甚至超前于老师的思路，要思考并产生自己的问题和想法，对于自己不懂的地方，下课后及时向老师请教。

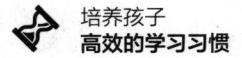

通常情况下，老师在课堂上都会讲一些例题，会提问，会将一些知识写在黑板上。当一道例题出现在黑板上，要养成先思考、先做的习惯，不要等老师讲解，给出答案。当你自己做了例题之后，就可以跟老师紧接着讲的方法做一下比较，这样收获就比较大。

上课要养成记笔记的习惯，尤其是对于自己没弄懂的知识点和重要的知识点。当然，那些反应比较快的学生也可以选择上课只记自己没听懂的内容，至于其他的知识点可以下课后凭着记忆来记，或者找一些上课记得比较全的同学的笔记对照补充。这样一来，上课可以专心听讲，下课补笔记又是一个高效的复习过程。

抓住课堂关键点,提升学习效率

听课是学生获取知识的最主要环节,有的学生上课十分认真,集中精力听课,不过效果并不太好,这主要是没掌握听课的要领,其中最重要的一点就是没抓住听课的重点。老师在课堂上所讲的内容很多,我们要善于抓住重点。对此,学生可以根据课前预习的情况,重点听预习时没弄懂的部分,争取通过老师的讲解把疑点难点解决。当然,我们也可以抓住老师讲课内容的重点,要善于抓住老师讲课中的关键字、词、句,注意老师是怎么样导入新课,如何进行课堂小结,抓住老师反复强调的重点内容。

一位优等生这样解释如何在听课时抓住关键内容:"听课时,我们虽然不可能把老师所讲的每一句话都印在脑子里,不过老师所讲的这节课的关键内容一定要抓住。"

他说:"过去我在学习中经常会出现这样的情况,上课听听就懂,但在下课后做练习题却感觉抓不住要点。后来我反思了原因,发现自己上课听得不够认真、仔细,根本没有抓住老师所讲的关键内容,没有领会到老师那些话的深刻含义。举个例子,上政治课的时候,我听过就算过去了,根本没有用心领会老师为什么要讲这些,要说明什么问题,怎么样去说明这个问题,以及这个问题的关键点是什么。这样一堂课上下来,当然抓不住要领了。因此,我建议大家,通常情况下,老师讲的都要听,不过有时老师为了照顾不同层次的学生,会采取不同的方式讲不同层次的内容,这时候学生就要根据自己的实际情况,捡那些重点的、关键的听,也就是抓住对于自己有重要意义的关键

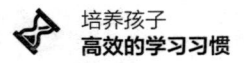

内容。"

说到自己在课堂上是如何分辨内容是否关键的时候,他给出这样的建议:"通常情况下,我觉得课堂上的关键内容是基本概念、基本原理、基本关系式等,还有老师补充的内容,老师点出的学生最容易混淆和出错的地方,预习时没有完全弄明白的内容。只要你上课紧跟老师的思路,当老师讲到关键的地方时,特别留心,紧抓不放,这样就不会错过重点内容了。"

尽管一堂课有45分钟,不过老师所讲的重点只会集中在十几分钟的时间里。老师讲的东西比较多,学生自然要抓住其重点内容,抓住老师讲课中关键的概念、实例、主旨。在一节课中,重点内容不会太多,而且老师在课上肯定会着力讲解这些重点,假如学生在听课时积极思考,在课堂上就掌握这些知识点应该是比较容易的。

另外,老师讲的许多内容都是教科书上没有的,特别是对关键概念的理解、对具体实例的分析、对篇章主旨的掌握,只有全身心地听老师讲解才能领会与掌握。因此,对学生而言,认真听老师讲课,学会抓住重点,是学好知识最关键的一环。

听课对我们的学习有着十分重要的作用,课听得是否好,直接关系到我们最终的学习成绩。那如何才能不错过课堂的关键内容呢?你可以参考以下建议:

1. 重点听方法

在课堂上不但要听老师讲课的结论,而且要认真关注老师分析、解决问题的方法。比如,我们在上语文课的时候,学习汉字通常都遵循着"形""音""义"的研究方向;当我们在学习小说的时候,通常都是从人物、环境、情节这三个要素入手;在写记叙文的时候,则主要是从时间、地点、人物和事情发生的起因、经过、结果六个方面进行叙述。

上述这些方法都是学习语文的一些具体方法,而每科都有自己的学习方法，比如学习数学会用到反证法、换元法、待定系数法、配方法、消元法、因式分解法等。那么，我们在听课时就要注意学习老师解决问题的思考方法，假如我们理解了老师的思路和过程，那么后面的结论就自然出现了，学起来就容易多了。

2. 听重点和要点

通常情况下，一节课的重点就是老师们在备课时准备的讲课大纲。许多老师在正式讲课开始之前会告诉学生，同学们对此要特别注意。比如在上物理课的时候，我们学习"力的三要素"这一章节时，老师会先列出力的三要素，即大小、方向、作用点，这就是一堂课的要点，只要你把这三点听仔细了，那就基本掌握了这节课的关键。

3. 重点听问题

在上课之前，我们都要经过一番预习，对于自己在预习中不懂的内容，上课时就需要重点把握。在听课过程中，我们要特别注意老师是如何解释的，假如老师只是在讲课中一句带过，并没有做太详细的解答，那我们就需要及时地把这个问题记下来，等到下课后再向老师请教。

4. 重点听思路

思路其实就是我们思考问题的步骤，比如，老师在讲解一道数学题的时候，会教给我们首先应该思考从什么地方着手，然后思考用什么方法，通过什么样的过程来进行解答。因此，我们在听课时应该弄清楚老师讲解问题的思路。

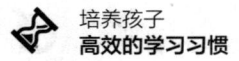

带着问题听课，带着思考交流

听课效果好不好的另外一个关键因素在于是否将听课与思考有效地结合起来。子曰："学而不思则罔，思而不学则殆。"一边听课一边思考也是一种有效的听课方法，听通常是被动地吸收，思则是主动地思考。一边听课一边思考，就可以在由被动转化为主动的过程中，慢慢加深对知识的认识和理解。假如只是听课不思考，那就相当于录音机式的听课，这根本算不上真正地掌握知识，更不能培养创造性思维能力。我们可以从这几个方面去思考，比如教材的重、难点在什么地方，老师为什么这样处理教材，老师讲的自己是否真的明白了，老师讲的与自己想的有什么不同，这篇课文与其他课文有什么不同和相同点？通过这些思考来提高我们听课的效率，这样就能知其然也知其所以然了。

优等生小文说："通常我边听课边思考的源头是带着问题去听课。假如可以做到带着问题去听课，那么通过老师的讲解就可以快速解决相应的问题，从而当堂理解所听到的知识点。否则很容易盲目地泛泛而听，不知道自己应该听什么，也不知道哪里才是需要重点听的，导致自己上完一节课之后感觉很迷茫，不明白老师到底讲了哪些知识。"

在小文看来，促进自己大脑在课堂上积极活跃，主要在于带着问题听课，这样不仅有助于集中注意力，而且为自己的思考找到了恰当的对象。他是这样建议的："我们在听课之前，最好可以通过自己的预习提出一两个问题，这样上课听讲的时候就有了思考的目标，知道自己需要重点听什么，从而保证课堂上有不错的收获。需要注意的是，对这些疑问要自己先进行深入思考，这

第2章
高效率听课，利用课堂45分钟拿高分

样听讲时可以将自己的理解与老师的讲解进行比较，假如相同，则可以加深对新内容的理解记忆，假如不同，则可以及时纠正自己先前的理解错误。"

小文所提出的"带着问题听课"的方法是一个不错的主意。我们可以在预习时把要听的重点归纳出来，列在一个表格里，对于自己已经弄懂的内容可以填写在表格上，对于自己没有弄懂的部分则可以留出空格。在实际听课过程中，我们就将表格作为听课的提纲，尤其是当老师讲到表格空格的内容时，我们要认真听讲，将老师所讲的知识点归纳起来，填入自己的表格中。

那么，在实际听课过程中我们该如何将听课与思考有效地结合起来呢？

1. 良好的听课心态

学习态度影响着听课的质量。假如学生对所学的知识不感兴趣，又不明确学习目的，上课只是敷衍了事，那么他就难以集中注意力认真思考老师所讲的内容。学生对老师的态度也会影响听课的质量，觉得老师的课讲得好，就会认真听课，觉得老师课讲得不好，就会听不进去。因此，要想提高自己的听课质量，促进自己的思考，端正心态是一个不能马虎的问题，我们要形成正确的学习动机，提高自己的思想水平。

2. 整体状态要好

有的学生课间活动太激烈以至于浑身上下都是汗，上课之后兴奋劲还没消失；有的学生课间十分钟也不放过，不是赶作业，就是看书，大脑没有得到充分的休息，这些都会影响下一节课的听课效率。因此，在课间休息的时候，我们可以做一些轻松的运动，比如散散步、呼吸呼吸新鲜空气，这样会让大脑得到充分的休息，然后调整好上课的情绪。有的学生一上课就厌烦，觉得上课没意思，总是希望快点下课。这样的学生应该学会调整自己的心理状态，保持一种对知识的渴求，希望在课上学到更多的知识，只有这样，才能使大脑处于一个最佳的状态，从而提高听课的效率。

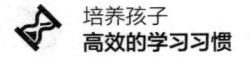

3. 带着问题听课

孟子曰："困于心，恒于虑，而后作。"这句话所描述的就是一个人解除思维障碍的迫切心理。假如一个人有了迫切解决问题的心理，他们在做事的过程中就会变被动为主动，效率自然会提高很多。同样的道理，假如学生带着问题听课，就有了听课的目的性，上课时就会主动去探索、思考，而不是被动地去接受知识。这样，在听课时，思想也会更加集中，思维也更加活跃。

4. 边听边思

学起于思，思考贯穿了整个学习过程，边听边思考是一种有效的听课方法。在听课过程中，只有将"听"和"思"结合起来，我们与老师之间才会形成互动，而我们在思考过程中也自然会体会到课堂的价值。在听课的时候，多问几个"为什么"，多想几个"怎么办"。假如课堂上不善于思考，老师的课讲得再好，也是没有任何效果的。

5. 边听边记

记，就是记课堂笔记，笔记是人脑有效的外存储器，是人记忆的延伸。在听课时除了专心听讲之外，还可以适当做笔记，这样有利于理解和记忆所学的知识，促进积极思维，增强听课效果，有利于课后的复习。要做好听课笔记，那么学生的思维进程就应该和老师的思维进程保持一致，一定要抛开与听课无关的杂念，思想不能偷懒，笔记内容要注意重点、难点、疑点、新观点。大量事实表明，做笔记的人比不做笔记的人在测验和考试时的成绩要好得多。

多与老师互动，不会走神效果还好

在实际学习过程中，学生们经常会有注意力分散的现象，比如老师在课堂上讲课，有的学生却偷偷地玩玩具，或者想着自己没有做完的作业，想着电影、电视中的情节，想着运动场上激烈的比赛。这样产生的结果是，当老师提问到他的时候，他往往答非所问，弄得全班同学哄堂大笑。有人说注意力是心灵的警卫，如果学生上课不集中精神，就等于注意力这个警卫失职了，它会将那些原本应该接收的信息拒之门外，而让那些不应该接收的信息进入心里，从而使学生们的正常学习受到影响。

金一娜，一个90后女孩，她同时考上了清华大学和加州大学伯克利分校。在她的书《我同时考上了清华和伯克利》里强调了认真上课的重要性。

金一娜跟别人不太一样的地方就是，即便是历史、地理和政治这三门课，她也会特别认真地听。除了偶尔跟同学说一两句话，她基本上从来没在这三门课上干过诸如写作业、玩手机、看闲书之类的事情。金一娜每天用于写作业的时间都会比别人更多，在她看来，老师讲的例题可能自己当时听懂了，但其实那些知识还没有最终变成自己的东西。因此，在写作业之前金一娜总会先好好看一下、想一下，假如是自己的话，应该怎么去做这道题。

金一娜认为一个学生要想学好一定要认真听课、注意力高度集中、不要走神。即使她觉得老师讲得不怎么样，也从来不放弃听课。她总是先把知识总结一下，想一想假如自己是老师该怎么去讲才能让学生听懂？而在这个转换角度的过程中自己就会学到很多东西。对此，她给大家的建议是："每个学科的

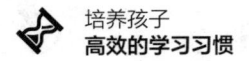

老师,不管是好是坏,不管你喜欢还是不喜欢,都一定要好好听他的课,把课堂上的时间利用好。这样你就不必再去买那些乱七八糟的参考书了。因为现在市场上有许多参考书其实都是互相抄来抄去。假如你上课不听,下课自己去做参考书,其实是很不划算的。"

学生上课走神的习惯会影响到他自身的学习效率,而之所以会有这样的情况,学生自身的原因很重要。有的学生对学习内容不感兴趣,当他上自己不喜欢或感到厌烦的课程时,注意力就容易分散,一不小心就会走神;有的学生则是难以理解和掌握老师所讲授的内容,对知识点的理解和反应比较慢,因此思想容易开小差;有的学生与同学和老师的人际关系处理不好,也会容易走神。

尽管造成学生不认真听课的因素有许多,但作为学生应该努力做好自己的事情,那就是专注听课。具体来说,我们要做到以下几点:

1. 重视课堂45分钟

学习主要是通过课堂教学来完成的,有些同学没有把握好这个重要的学习机会,而是把希望寄托在课后靠自己看书来理解老师所讲的问题。在这样思想的支配下,他们在上课时根本没要求自己集中精神认真听课,结果将宝贵的时间白白浪费了。所以我们要懂得珍惜上课45分钟的宝贵学习时间,高度集中精神,专注,专注,再专注。

2. 带着任务听课

一节课开始的时候,老师往往会将本节课所需要完成的任务和要求达到的目标明确地说出来。这时候我们应该记住本节课听课的具体任务是什么,并按照这些要求认真听好老师的课,这样带着一定的任务听课,我们的注意力就不容易分散了。

3. 扫除听课障碍

有的学生学习基础不够牢固,知识点漏洞多,这样就造成听新课困难,同时感觉听不懂老师在讲什么，这样就很难集中精神。对于这些同学而言，解决上课注意力不集中的第一任务就是巩固基础知识，及时补好知识漏洞，这样才会养成好的学习习惯。

4. 增强自我控制能力

一堂课需要坐45分钟，这对于自我控制能力较差的学生而言难免会觉得辛苦，再加上内外干扰，在这样的情况下，我们就需要增强自己的自我控制能力，自我约束、自我监督、自我控制，全身心地投入到听课这件事上面。

5. 保证休息时间

在课余时间我们要过有规律的生活，按时作息，克服看电视或玩游戏到半夜的坏习惯，不要让无聊的事情耗费自己宝贵的时间与精力，这样才能保证自己精神百倍地出现在课堂上。

6. 听与思考相结合起来

听是思考的基础，思考是对听的内化。比如在体育课中，学生只有对技术要领、练习方法、游戏规则等教师讲解的内容进行思考，才能把教学目标内化为自己的学习动力。学习是一种脑体结合的复杂劳动，只有不断地思考、实践，才能快速地接受更多的知识，掌握更多的技术技能。

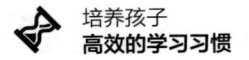
培养孩子
高效的学习习惯

做好课堂笔记，好记性不如烂笔头

对于那些认真听课的学生而言，他们所尊崇的就是老师讲到什么地方，你的思路也就跟到什么地方，只要你跟着老师的思路走，就会理解老师讲课的内容，掌握老师关于这个问题的思维过程。在课堂上，只要你紧跟老师的思路走，就可以帮助自己提高知识水平，同时也促进自己能力的提升，会让你知道这道题怎么做，做到知其然也知其所以然，掌握知识的完整思维过程。有的学生学习基础差，跟不上老师的讲课思路，干脆就放弃不听了，还有的学生基础比较好，上课时认为老师讲的东西自己已经懂了，因此不跟着老师的思路走，去干别的事情。其实，对于基础差的同学，更有必要跟着老师的思路，理解是一个过程，因为基础差可能有时跟不上，这时只要坚持就会慢慢跟上老师的思路。一旦你放弃了，就再也跟不上了。

一位打算考托福的学生参加了英语培训班，她最后在考试中获得了优异的成绩。说到自己的学习秘诀，她说："上课时跟着老师的思路是绝对不会错的。"

在阅读课上，她基本上完全是跟着老师思路走的，课后也主要是跟随老师布置的作业来进行练习。假如一天的时间比较充裕，她就会完成3篇阅读，学校的事情较多的话她就会完成1~2篇，每篇文章做完之后会将单词等标注出来，然后再做一次做错的题目，看理解更充分时是否能做对。在听力课上，她也会认真听老师所介绍的做题技巧，老师所给出的练习的小段子，她回家就会练习听抄。

总而言之，她觉得自己之所以在托福考试中获得优异的成绩，确实应归功于自己认真听课，善于跟着老师思路走的学习策略。

对于那些学习基础较好的学生，不要觉得自己很多内容都懂了，其实，假如你能在课堂上跟着老师的思路走，那就会达到温故而知新的目的。即使你可能已经超前了，但跟着老师思路走再温习一遍，对老师所讲的东西可能就会有新的认识、新的理解，对问题本身认识更深刻、更全面，从而提高自己的分析能力和综合能力。抓住课堂45分钟，不但有利于自己牢固地掌握知识，而且可以培养自己举一反三、触类旁通的能力。这其实就是通过上课跟着老师思路走提高自己能力的过程。具体来说，我们应该怎么做呢？

1. 重视课堂提问

老师在讲课过程中往往会提出一些问题，有的要求学生回答，有的则是自问自答。通常情况下，老师在课堂上提出的问题都是学习的难点和重点，如果你能抓住老师提出的问题做进一步的思考，就可以顺势抓住老师的思路。

2. 重视预习和理解的知识

我们还可以根据预习时总结出的逻辑结构抓住老师的思路，老师讲课在大多数情况下是按照教材本身的知识结构展开的，假如把自己预习功课时所总结的知识逻辑结构与老师的讲解过程进行比较，就可以轻易地抓住老师的思路。

3. 重视老师的提示

老师在授课的过程中，经常会给出一些提示语，比如"请注意""我再重复一遍""这个问题的关键是"等，其实，这些提示语就体现了老师的思路。如果我们能够按照提示语进行思考，就能够跟上老师的思路。

4. 重视老师的推导过程

在课堂上，我们可以跟着老师的推导过程来紧跟老师的思路。老师在课堂上讲解某一个问题的时候，一般有一个推导过程，例如，数学问题的来龙去

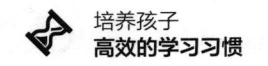

脉、物理概念的抽象归纳、语文课文的分析等。实际上，感悟和理解推导是一个投入思维、感悟方法的过程，有助于理解记忆结论，同时提高分析问题和运用知识的能力。

5. 暂且搁置听不懂的问题

在听课过程中遇到了听不懂的问题，可以暂且搁置一边。假如你当时硬是想弄懂这个问题，势必会分散你的注意力，这样就会影响听课效果。所以，当自己还没有完全理解老师所讲的内容时，最好做个记号，暂且把这个问题放在一边，继续听老师讲后面的内容，以免顾此失彼。

第 3 章

做好预习和复习，
轻松应对学习重难点

　　预习是学生在听老师讲授之前预先了解一下学习内容，这是学习过程中不可缺少的环节，并不是可有可无的。预习，就好像外出旅游之前先看一下导游图，大致了解一下要游览的地方，做到心中有数。听课之后的复习，就好比吃饭要消化一样，是消化吸收知识的重要环节，是对听懂的知识加深印象。在学习过程中，我们要养成先预习后复习的良好学习习惯，让知识在头脑里扎根。

做好预习应注意的事项

按照内容的多少，预习可以分为课前预习、阶段预习、学期预习。课前预习就是指上课前先自学下一节课的内容；阶段预习是指预习下一阶段的学习内容，所需时间较长；学期预习是指预习下一学期的教材，了解一下知识体系，并对有关基础知识做些相应的准备。预习是自学的演习，学生在学校里学习的知识只是人一生中要学的一小部分知识，大部分的知识是在走出校门后在工作和生活实践中自学而来的。因此，在学校读书时就应该培养自己的自学能力，而预习正是培养自学能力的很好手段。

不过，在预习过程中，我们还需要注意一系列问题：

1. 掌握有效的预习方法

在预习时了解了新课内容中哪些是难点，哪些是重点，哪些已经搞清楚了，哪些还有疑问，我们就会目的明确地带着问题去听课。不过，在这个过程中，我们掌握一些有效的预习方法是很有必要的，下面都是许多老师和学生总结出来的方法，对我们的预习相当有帮助。

（1）标记预习。有的学生在预习时，只是走马观花，这是没有任何实质性意义的。尽管是预习，也需要力求取得最好的效果，要能够发现问题，找到难点和重点。而标记预习就是这样的方法，标记预习就是在预习时边读边画，边读边批，边读边写。比如在预习时遇到新公式、定理，一定要做出标记，标出重点，划出层次，写出自己的心得体会。

（2）通过作答预习。有时候我们可以按照课文后的思考题目、复习题目

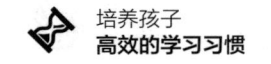

或练习题目进行预习，通过作答来达到预习的目的。回答不出来再预习，预习之后再尝试回答，直到我们真正掌握为止。这种预习方法的关键是在初步理解教材之后合上课本，围绕课后几个思考问题想一想这节课讲了什么新问题，自己弄清楚没有？这些新知识与旧知识有什么联系？自己是否完全掌握？还有什么不懂的问题需要上课时听老师讲解？经过这样回忆之后，就可以判断自己预习的效果怎么样，然后开始答题，找出自己知识或技巧方面的不足，进而及时调整和改进预习的方法。

（3）宏观预习。宏观预习就是从整体上粗略地预习，大致了解所学知识，在心中有数的基础上制订出科学的学习计划。宏观预习通常是在假期或开学之初进行，因为这段时间多数可以自我安排，而且学习比较轻松，可以在新教材刚发下来的时候，花上一两天的时间粗略地看一下要学习的内容。当然，宏观预习并不是泛泛地预习课本的表面知识，而是要通过这样的方式去了解、明确学习内容的多少和难易程度，便于制订合理的学习计划，比如，每天学多少知识，大概需要多长时间，这样有了明确的学习目的就会为我们节省不少时间。

（4）提纲预习。提纲预习的第一步是把重点划出来，然后把所学的内容列成大纲，提炼概括为有逻辑的纲要结构，使整个提纲脉络清晰、层次分明、文字精炼、观点突出，这样有助于我们掌握章节大意和中心思想。比如历史、地理、生物、政治等都可以运用提纲预习法以提高学习效率，加深理解和记忆。

2. 把握预习时间

这里我们要说的是课前预习，课前预习最好安排在做完当天作业之后的时间里，根据剩余时间的多少来确定预习内容的深度和广度。当然，也可以安排在其他课余时间里，我们在学校预习的原则是晚自习为预习时间。语文、数学、英语每天都需要安排预习任务，物理、化学每周两次预习任务，政治、历史、地理、生物每周一次预习任务。预习的最佳时间是放学回家后，每天挤出1~2小时进行预习，你可以有效地利用各种词典、参考资料等辅助条件在一定时间内完成要预习的功课。

3. 抓住主攻科目

确定重点预习科目可以从两方面着手：一是抓住基础学科，中学阶段的基础学科主要是语文、数学、英语，小学阶段则主要是语文、数学；二是自己学习中认为难度较大的学科，越是学习困难较大的学科越是要坚持预习，这样才可以有针对性地听课、提高听课效果。然而选主攻科目并不是要忽视其他学科，而且突破了主攻科目后，再横向扩展到其他学科，以达到共同进步。

4. 把握预习细节

在预习时，首先把课文快速浏览一遍，使自己对新课心中有数，初步感知新课中哪些是一看就懂的，哪些是看不懂的，然后带着这些问题细读第二遍。在第二遍时速度要慢一些，一边细读，一边思考与理解，遇到不明白的地方要停下来反复思考，对不认识的生字、生词要马上查工具书搞明白，把实在弄不清楚的内容记下来带到课堂上，等到听课时再解决。

第二遍阅读时，可以写下自己的预习笔记。预习笔记有两种：一种是记在书上，另一种是记在本上。在书上做笔记就是一边细读，一边在书的空白处或有关内容下圈点勾画或批注；在本上做笔记就是把重点和不懂的内容写在预习笔记本上。

5. 注意培养学习能力

在学习学科知识的同时，需要注意学习科学的思维方法与学习方法，这样才可以在较短的时间里学到更多的内容。为此，一定要学会使用工具书，如各种词典、文摘、百科等；学会记阅读笔记，比如心得、摘记、卡片等，并进行分类；还要学会阅读方法，比如粗读法、精读法、速读法。

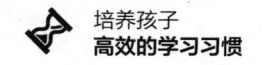

掌握预习技巧，学习上快人一步

在预习的时候，我们有时会觉得有些内容怎么都搞不懂，其中有个原因就是，新课所需要的相关旧知识我们没有掌握扎实。有些学生听课的效果差也是这个原因，旧知识也是新课必要的基础，预习不仅要看一下新课的内容，更需要为新课做好知识上的准备。通过预习，我们可以发现以往知识的薄弱之处，在上课前快速补上这部分知识，不让它们成为听课时的阻碍，进而在学习、理解新知识的时候更加顺利。比如，课前预习初一数学《一元一次不等式和它的解法》一节的时候，书中有这样一段话：解一元一次不等式就是求这个不等式的解集的过程，它的一般步骤与解一元一次方程类似，不过一定要注意当两边都乘以（或除以）同一个负数时，不等号的方向必须改变。假如不预习，上课时老师如果没有重复一元一次方程的有关知识，而是直接讲"两边都乘以（或除以）同一个负数时，不等号的方向必须改变"的内容，有些学生就会听不懂，假如这时停下来去问同学或查书，就会耽误听课，影响听课效果。而假如在预习过程中及时地补上旧知识，上课听讲并接受新知识就容易多了。

掌握一定的预习技巧，有助于提高我们的听课效率。通常情况下，预习不可能把新教材全部理解，总会留下一些没有弄懂的问题，需要在课堂上找到答案。这样一来，听课的目的就明确了，注意力就容易集中。当老师讲到自己预习中已经理解的部分时，可以把注意力集中在老师是怎么提出问题、分析问题、解决问题上，然后将自己的思路与老师或同学的思路进行比较，看老师或同学想得周到的地方是什么，而自己的不足之处又在哪里。比如，一道题有

A、B、C三种解法，你预习时掌握了B解法，而课堂上当老师提出问题后，有同学说出C解法时，你就可以提出B解法，此时你就会因为老师和同学的赞赏体会到学习的愉悦感。

那么，在预习时，我们应注意哪些技巧呢？

1. 认清预习的目的

许多学生认为预习就是要提前学会，然而预习阶段都是学新知识，有许多地方会让学生们感到难以理解，以至于他们费了很大力气才学会读懂，但预习的工作就变得好辛苦，而且对学生的能力提升帮助不大。其实，这样的做法是不妥当的。我们应该认清预习的目的，预习只是提前对要学习的课程有一个初步的认识，而不是提前全部学会。假如你觉得预习可以提前全部学会那些新知识，那在课堂上的时间就变得效率低下了，同时也不利于培养我们上课的兴趣。预习真正的目的是找出知识的难点和重点，便于在课堂学习时有的放矢。所以在预习时没必要全部弄清楚，关键的是要把问题找出来，写在笔记本上或书上，等到上课时与老师所讲内容进行对照，从而提高学习效率。

2. 注意预习方法

许多学生采取了死读和苦读的预习方法，甚至有的学生专门请了家教来预先教授课程，其实这些做法对于预习是没有多大作用的。在预习过程中，主要有两个关键方面：一是知识回顾，二是假设联想。所谓"温故而知新"，就是这个道理，我们所学知识之间的关联性是很强的，以前学习的知识往往是新知识的基础。因此在预习时，不要马上就开始看新知识的具体内容，而是要先看看新内容的题目，然后回顾一下以前学过的知识，比如看到一元二次方程的时候，先思考一元一次方程的知识。同时，结合一些常识和推理性思维，思考运用旧知识研究新知识的可能性。这时你完全可以思考，怎么样把一元二次方程用一元一次方程去表示，让知识融入自己所学过的体系中，然后你再去看一元二次的因式分解等知识就不会感到陌生。

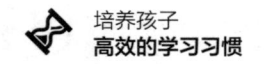

3. 每科预习的工作慢慢展开

假如以前没有预习的习惯，现在想改变方法，先预习后上课，一下子全面铺开，每科都要提前预习，时间就会感觉不够用，不仅自己十分紧张，而且质量也会受到影响。这时我们可以先选一两门自己学起来感到很吃力的学科进行预习试点，等到自己感觉预习真的有帮助之后，在时间允许的前提下，再慢慢增加科目，直到全面展开。

当然，预习应该是做完当天作业之后进行。假如时间比较多，那就多预习几门功课，否则就少预习几门。千万不要每天学校布置的任务还没完成就忙着预习，这会打乱了正常的学习秩序。

4. 学习成绩差，更需要预习

有的学生课前不预习，上课听不懂，课后花大量的时间来补缺和做作业，整天忙得晕头转向，根本抽不出时间来预习。实际上，这些学生学习成绩差就是因为不预习。这些学生要想改变这种状态，就需要在短时间里多吃点苦，每天完成学习任务之后，花部分时间来预习，这样就减少了因上课听不懂而浪费的时间，取得事半功倍的效果。

5. 预习时间不宜过长

我们预习的时间不宜过长，最好将一节课内容的预习时间控制在15分钟之内，这样就可以提高我们的阅读和学习速度，而且可以锻炼自己的概括能力和分析能力。甚至，有人提出了"一分钟提前量预习法"，比如提前一分钟坐好，然后开始看书思考，重点看大小标题。当老师讲课时，一边对照老师讲授的内容检查自己的想法，一边解决难点和重点。但是这种方法对于思维的强度和协调性要求较高，学生最好将此作为一种在没有准备的时候来补救的方法。

有效复习胜过盲目学习

复习是对学习过的课程进行查漏补缺和总结归纳,通常复习的过程需要相应的练习和记忆。大量事实证明,复习不仅可以提高学习质量,还可以提高学习效率。复习的意义是可以加深认识和理解,充分掌握那些容易遗忘的、生疏的概念或知识点。复习是承上启下的过程,复习了旧知识才能更深地理解新知识。通过复习,我们可以更准确掌握,原知识也可以为新知识的学习和理解做更好的准备。

按照复习时段的不同,复习可以分为以下几种类型:

1. 课后复习

所谓课后复习就是我们刚听完老师讲课,就利用下课的10分钟来消化和吸收老师刚刚讲过的知识,由于老师刚讲完,我们对知识的理解和记忆都处于较高的状态,这时我们只需要稍加复习和巩固,就可以牢牢地记住所学的知识。

2. 章节复习

不论是哪门学科都分为大章节和小课时,通常老师讲完一个章节的所有课时时就会把整个章节串联起来再系统地讲一遍。复习时我们同样可以这样做,因为一个章节的知识之间肯定有联系,我们可以找出它们的共同点,采用系统记忆法把这些零碎的知识串联起来,便于我们高效记忆。

3. 轮流复习

虽然我们学的科目不止一科,但是有的学生就喜欢选择单一的科目复习,比如语文不好,就一直在复习语文上下功夫,其他科目一概不问,实际上

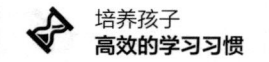

这是个不好的习惯。当人在长时间重复地做某一件事的时候，免不了会出现疲劳，达不到预期的效果。所以，我们在复习的时候不要单一复习某一门科目，应该轮流复习，当你语文看倦了，就换换数学，然后换换英语，这样可以把单调的复习变成一件有趣的事情。

4. 复习错题

我们在考试的过程中免不了会做错题目，不论是自己粗心还是根本不会，都要习惯性地把这些错题收集起来，每个科目都准备一个独立的错题集，当我们进行考前复习的时候，它们就是重点复习对象。我们既然做错了一次，就不应该再错第二次，不要在同样的问题上再次丢分。

5. 睡前复习

心理学家研究表明，人在一天中早晨醒来和晚上临睡之前记东西的效果是最佳的。许多学生可能早晨没有时间，不过晚上一定有，既然我们错过了早晨，就不能再错过晚上。在临睡前我们需要把今天学的所有知识都在大脑里回放一遍，尽管是一天的知识，也花费不了很多时间，而且记忆的效果会很好。

6. 考前复习

俗话说："临阵磨枪，不快也光。"许多学生平时不下功夫，总是在考试前做突击复习，尽管这样的方法是不妥当的，但有时候不得不说考前突击复习的印象还是非常深刻，特别是当你看到一个知识点而考试中有考到这个知识点的时候，你对它的记忆就会更深刻。虽然这样的方法不是长期有效的方法，不过短时间也有一定的效果。

7. 间隔复习

有的学生喜欢把所有的知识拿到一起来复习，实际上这是一种很不好的复习方法。集中复习内容太多，容易引起大脑皮层细胞的疲倦，从而降低记忆效果，所以我们可以采取间隔复习法，每隔一段时间对知识进行一次系统的复习，当然间隔的时间不宜太长，毕竟人的记忆力是有限的，时间长了就容易忘记。

有效复习的常用方法

复习是重要的学习方法,通过复习,我们可以进一步巩固对知识的理解和记忆,发现知识掌握中的薄弱环节,并抓紧时间进行弥补,也为接下来进一步学习新知识扫清障碍。

在复习的过程中,我们要学会抓住重点。通过课堂的学习,我们已经对课本上的知识有了充分的了解,但如果不及时复习,这些知识就依然还是一些零碎、抽象的知识点。我们在复习过程中就是要将这些知识点进行总结归纳,使之重点突出,有章可循,只要找准方法,就能让我们的学习达到事半功倍的效果。

同时,我们在复习的过程中也要善于归纳难点。在复习时,我们可以用笔记本将学习中遇到的问题集中起来,这样就会使复习更有针对性。我们在预习、听课的过程中都会有很多困惑,在写作业、考试的时候也会积累很多错题、难题,这些都是需要我们在复习过程中进行归纳总结的。只有充分解决了学习过程中的难点,我们才能在学习的道路上勇往直前。

这是一位中考优秀生总结出来的复习英语的有效方法:

1. 归纳式复习

归纳式复习的具体做法就是把所学的内容按语音、词汇、习惯用语、语法等进行归纳,比如语法可以列表归纳,语音按常见的字母以及字母组合的发音归纳,把发音例外的加以注明。这种方法的益处就是全面利用记忆方法,系统地掌握所学的知识,使所学的内容脉络清晰,容易看懂。

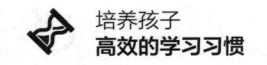

2. 读、背式复习

对于应该记的单词或句型可以采取回忆、读、背、再记、再背的顺序，看是否有错误或遗漏的地方，这种方法的益处就是步步为营落实知识点。

3. 抓住重点

我们在兼顾全面复习的同时，还需要注意把握知识重点，学会举一反三。具体的做法就是结合单元以及平时在测试中出现频率较高的题目进行复习，这种方法的益处就是有的放矢，针对性较强，而且节省时间、效率高。

4. 提问式复习

在课间休息或自习的时候，几个学生可以在一起相互提问，互相解答，启迪智慧，查漏补缺。或者同学之间互相命题、相互批阅，这种方法不但可以帮助学生们加深对知识的理解和记忆，起到互补的作用，而且有助于训练学生们的思维能力。

这样的复习方法也适合其他科目。其实在学生中存在着这样一种普遍现象，许多学生的理解能力、反应接受能力都很不错，平时课上练习也做得不错，甚至比其他的学生做得更好，在一些小测验中也表现得很好，不过到了考试时却发挥不好，这些同学往往只是在考试前才对所有的学习内容进行复习，一看内容都会，但到了考场就感觉做得不顺利，其原因就在于缺少复习。

总而言之，掌握良好的学习方法对于学生的学习十分重要，其中预习和复习就是学生学习必不可少的良方。只有养成课前预习、课后复习的好习惯，掌握正确的预习、复习方法，我们才能充分掌握知识，成为学习的主人。

第 4 章

制订学习计划，
让学习内容有章可循

众所周知，计划对于一个人的学习起着至关重要的作用。古人曰："凡事预则立，不预则废。"俗话说得好，一年之计在于春，一日之计在于晨。军事家在每场战役之前，都需要制订几套作战方案，企业家也会在推出某一品牌前，做好一系列的市场营销计划。我们在学习中，也需要学会制订计划，让自己的学习能够达到预期效果。

计划，让学习成为习惯

大多数学生在学习时会有这样的困惑，自己总是像牛一样辛勤地学习，但似乎不见什么成效。假如我们来看一看他们每天的作息表，你就知道他们是有多努力地学习了：早上起床就拿着英语课本大声朗读，即便在路上也不忘回忆自己刚才记住了哪些单词；上课时保持注意力高度集中的，听老师讲了些什么，下课10分钟也不忘翻翻课本；晚上回到家，继续看书。在这一整天里，基本上除了吃饭、睡觉、上厕所外，他们都在忙碌地学习。本以为这样孜孜不倦地学习会带来巨大的成效，然而一次月考下来，成绩却不尽如人意。虽然我们不能仅仅以一次考试成绩的好坏来断定学习方法的正确与否，但是我们也要思量一下，每天投入大量的时间学习是不是有必要。制订学习计划，最关键的一点就是要合理把握自己的时间。

安妮在最近的一次英语测试中发现自己的成绩下降了，于是，她制订了一份学习计划，希望以此来提升自己的英语成绩。她规定自己每天学习英语2小时，即早上起床之后的1小时记单词，因为这时是她记忆力最好的时候；白天在学校里上课，尤其是针对英语课，她会打起十二分精神；晚上睡前1小时，除了整理白天在课堂上老师所讲的知识，还需要温习早上所记住的单词。如此反复，她发现自己的英语成绩真的有所提高，而每天也没花太多时间在这个学科上面。

说到每天的英语学习计划，安妮总结了几个要点：

（1）坚持每天固定的时间学习英语，没有持之以恒的学习和固定的时间

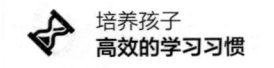

做保障，一切都是空谈。

（2）每天听写一篇文章，尤其建议选择视频资料，更形象并贴近生活，以一部电影、视听教材为中心，展开一天的学习。

（3）听、说、读、写、译五项都要练，以听、说为主。

（4）求质不求量，把听写的资料彻底搞懂，不要好大喜功，贪多求快。必须扎扎实实，按部就班，这才是学好英语的必经之路。

（5）把每天零碎的时间充分利用起来学英语，不断地重复。

（6）听写是学习英语的好方法，必须不断加强。

（7）早睡早起学英语。

（8）以一套教材为主，不要盲目地更换教材。

（9）必须要有详细可行的英语学习计划，必须严格执行，没有任何借口。

（10）相信自己，一定能够学好英语。

以上就是安妮为学习英语所列出的计划以及原则，每天都有固定的作息时间表——不管大事小事，都是按规律进行，这对学生的学习非常重要。不固定的时间安排会引发许多令人头疼的深层次问题，学生们的健忘、脾气暴躁、慌乱和情绪不稳定可能正是这些问题的表面症状。

大脑学习新事物的过程其实是通过神经通道传递信息，快速地将新的信息与大脑中已有的大量信息进行匹配。举个简单的例子，我们刚开始学习自行车时，需要全神贯注才能保持自行车直立前行，这时我们没有能力分心去看路边的风景，更不能进行长途旅行，因为仅仅把车踏好就是很费力的事情了。不过，等到你学会之后，就根本不需要再去思考骑自行车到底有哪些步骤，所有的行动都已经印在你的脑海里了，这时你可以一边骑车，一边看风景，也可以进行长途旅行了。

就像如何学习骑自行车一样，我们也在学习如何一步步地过完这一天，

第4章
制订学习计划，让学习内容有章可循

通过固定的重复，我们慢慢习惯接下来将要发生什么。我们知道睡前喝杯牛奶，洗个澡，穿上干净的睡衣，默读一篇优美的文章后入睡。每天都是这样，我们就不需要费力去想下一步要做什么。这就是例行公事，我们只需要按照惯例去做，而在这个过程中，我们可以将大脑空出来，去思考、探索和学习其他事情。

如果每天的学习时间不固定，将会导致自己的学习生活一团糟。因为在学习的同时，可能还有一些事情在干扰我们，而且我们不知道什么时候该停下来休息，这就需要有个固定的时间来增加自己的紧迫感。

没有固定的学习时间，我们根本无法保证自己的休息时间。在这样的状态下，通常我们不知道自己什么时候该去休息，只能是看书累了会休息一下，但这是毫无规律可言的，而且这样总会给你一种学习时间比较长的感觉，因为你没有给自己固定的时间学习，所以总感觉自己一天都在不停地学习。

一旦你的学习时间固定了，那将意味着你的休息时间也是确定好了的。两者都是提前确定好的，到了时间就做该做的事情，这样保证了所有时间都会被有效利用到，而我们需要做的只是根据当前的课业负担调配自己的时间。在这个过程中，我们需要保证休息时间，因为我们的生活并不完全是学习。

我们可以在每天早上根据当天的作业任务、课程安排来确定一下自己的时间分配，将某些时间段作为学习时间，同时制订好自己的休息时间。当你确定好学习时间之后，那么在这些时间段里，学习就是唯一的事情，我们可以避免其他任何可能的干扰，选择合适的地方，比如图书馆，在1小时或2小时的时间里完全投入学习中。

确定了固定的学习时间，会让你更有动力来提高学习效率。因为假如你知道在这个学习时间段结束之后会有休息时间——你可以去睡觉或运动一下——那你就会更加没有杂念地投入学习中，这样一来学习的效率一定会更高。

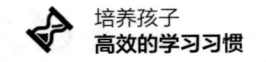

一个学生如果没有固定的日常安排，尤其是固定的休息时间、起床时间和就餐时间，那么他就需要用更多的精力去思考正常的日常生活安排。比如，我需要吃早餐吗？我上学会不会迟到？我怎样上学？我什么时候才能休息？我可以休息几个小时？没有固定的时间安排，学生需要一遍又一遍地思考这些基本信息，结果把原本可以用在学习上的精力白白地浪费掉，而在固定的时间安排下，学生可以在每天正常的例行公事中学到更多的东西。

第4章
制订学习计划，让学习内容有章可循

科学地制订学习计划

某位在中考中获取高分的学生这样说道：

确定每日、每周、每月的安排，坚持计划，必有成效。我在初三时的时间安排紧中有松，每天早晨7点到教室，先做半小时的英语练习，然后开始上课；中午回家吃饭后休息半小时，这时我会躺在自己的小床或沙发上；下午1点20分到2点50分，我会去学校教室学习；下午和晚上按照学校的课程安排学习。当然，在课间休息的时候，我都会离开座位到教室外面的走廊走动一下。中午在教室学习的时候，我还会看看报纸和杂志，这样可以放松大脑，还可以为作文积累素材。而且在每周之内我都会为自己安排一个放松的时间，比如周六或周日上午，完全抛开学习，好好放松身心。

良好的学习计划是实现学习目标的蓝图，每一个同学都应该有自己的学习目标，而这个目标的实现需要脚踏实地、有步骤、有计划地努力。那么，这样一来时间和任务一结合，计划就诞生了。为了实现学习目的，制订计划并努力实现它，就可以使自己离目标越来越近。学生们在学习中有了计划，就会把自己的行为置于计划之中，这样就有了明确的目的。当然，学习生活总是千变万化的，总会在某些方面出现问题，从而会冲击到我们的学习计划，进而打乱我们的计划，这其实就是理想计划和实际学习生活之间的矛盾。在这样长期的磨合之中，学生们的意志就会越来越坚强，他会坚持自己的学习计划，直到目标达成的那一天。

制订有效的学习计划，有助于学生们养成良好的学习习惯。按照科学的

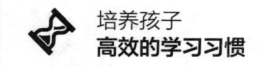

学习计划行事，可以让自己的学习生活节奏分明，一旦形成了习惯就会有相应的条件反射。在学习时就能安心学习，在活动时就会自觉去参加活动，这些都会成为自觉的行动，时间长了就会养成良好的学习习惯。除此之外，学习计划是具备科学性的，当学生知道自己如果再多玩一个小时，多聊一个小时，就会让自己计划里的某项任务完不成，而这项任务会给自己整个学习计划的完成带来影响，那他就会克制自己想玩的欲望。

那什么样的学习计划才是最有效的呢？我们来看看那些成绩优秀的学生是如何建议的：

1. 制订学习计划

许多同学说自己很无奈，要看要学的东西太多了，每次面对课本都无从下手，其实造成这个现象的最大原因就是学习没有计划性。制订一个学习计划可以快速提高我们的学习效率，让我们在有限的时间里最大限度地完善自己的不足。例如，制订日计划和周计划，将计划与课本内容相结合，每天哪个时间段看什么课本，在多长的时间内应该看完这本书，用多久的时间来进行复习，看到什么程度之后需要通过做题来检验等。

2. 合理安排哪个时间段该做什么事情

举个例子，某同学每天学2小时的数学，这对他而言是合适的学习时间，但在一次考试中，数学成绩出现下滑的现象，那么他应该从现在开始每天用3小时来学习数学吗？当然不是，因为学生不可能长时间保持每天3小时学数学不感到厌倦，一旦对学习感到厌烦了，学习成绩就会下降。坚持计划，就是保持过去适合自己的学习时间不动摇，一次的考试成绩并不能否定你之前制订的有效学习计划，只有每天按照自己制订的计划坚持下去，才会达成自己的目的。

3. 短期和长期计划相结合

我们在开始任何学习之前，都需要为自己制订一个周密的学习计划，短时间的，比如3小时自习时间，然后分成若干个时间段，每段时间做哪个科目；长时间的，比如看课外读本计划，半个月的时间看完一本书，每天看几页，一天中的哪个时间段适合看书，这些都需要写在学习计划里。

4. 预习和检查自己的学习计划

晚上睡前检查今天的预习计划是不是都完成了，完成的结果是不是让自己满意，就这样每一天、每一周、每一个月，早晚都要预习和检查自己的学习计划，才能切实地提高自己的学习效率。

5. 善于安排时间

同样是一天，不同的人会有不同的效率。比如，有的学生善于科学地安排自己的时间，学习和生活井井有条，收到的效果也很好；有的学生却相反，整天瞎忙一团，学习和生活毫无规律可言。对此，我们要清楚自己一周之内需要做的事情，然后制订一张日作息时间表，在表上填一下非花不可的时间，比如吃饭、睡觉、上课、娱乐等，然后选定合适且固定的时间用来学习，留出足够多的时间来完成老师布置的阅读和作业。

当然，当你制订好一份学习计划之后，还需要及时调整。当计划执行到某一个阶段的时候，需要检查自己的学习效果，并对原计划中不合适的地方进行调整。而且，计划制订之后需要坚决执行，否则前面所做的就是无用功。对于那些喜欢拖拉的同学而言，坚定执行计划是极具挑战性的。同学们一定要记住：抓住今天，今天的事情今天完成，不要总安慰自己明天一定会完成。

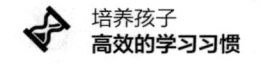

学习计划要有效结合课堂和课余

每天在学校里，老师不会带我们把六科功课都复习一遍，那我们在制订学习计划时就需要以学校课程作为出发点，要根据白天上课的内容来定。通常我们所采取的策略是白天学什么，晚上就复习什么，这是因为对于知识的复习必须及时才能达到预期的效果，否则今天学习的知识过了一个星期再来复习，那结果想必不会太好。当然，你也可以采取另外一种方法，那就是为了补一门功课，每天不管上了什么课，我们都需要花一些时间来补习那门功课。换言之，其他科目只需要做作业、复习知识点就可以了，而这门功课则需要安排时间学习自己计划的内容。假如白天有大课，晚上可以考虑少复习一些，当然，无论如何老师布置的作业应该尽量完成。同样的道理，假如晚上某一门功课的作业特别多，也可以少看，或者暂时不看这门功课。

有个学生，父母都是高级知识分子、大学教授，可以说是知识丰富，他们对孩子的教育有自己的想法。从某种程度上而言，他们对学校并不抱太大的信任，也不信任老师，他们给自己的孩子制订了一套学习方案，他们认为只要孩子按照这个方案来执行，就一定会取得好成绩。

于是在父母想法的影响下，学生在上课时不太注意听讲，对老师的话也听不进去，下午自习课上总是在按照自己的那一套计划学习。不得不承认，这个学生比班里的其他同学要聪明一些，老师讲课的内容他确实领悟得很快，甚至在老师还没有开始讲的时候就通过看书自己学会了，而且在课下他还会做很多难题怪题，知识面也比较广。

第4章
制订学习计划，让学习内容有章可循

不过，这个学生在最后参加中考时并没有考上重点高中，以两分之差考上了一所普通高中，其原因就是学习计划脱离了课堂。原来，在中考前总复习的时候，他依然按照自己的计划复习，对老师的复习方案一点也不重视。而事实上，指导学生复习的老师都有着多年的教学经验，他们很清楚哪些才是考试的重点，各种知识点会以什么样的形式出现在试卷上。班里许多成绩并不突出的学生，因为听从了老师的复习建议，在中考中取得了不错的成绩，但这个学生因为过于自信，没有抓住重点，尽管有着很好的天赋，仍然与重点中学失之交臂。

由此可见，学生在制订学习计划时，一定不要脱离老师的课程教学。许多老师都有着数年、数十年的教学经验，对如何指导学生学习有着很深的体会，学生应该紧跟着老师的教学、复习计划。当然，课堂教学是针对大多数学生的，并不能面面俱到，这时我们可以根据自身情况加以调整。比如，某些知识是自己掌握得不错、考试没什么问题的，那就可以少花一些时间，完成老师布置的作业后再稍微看一下即可；某些知识是我们学得不太好的、问题比较多的，那就需要多花一些时间，在完成了老师布置的作业之后再多看看，或者自己再找些有关的参考题目做上几遍，把基础打牢。不管怎么样，一定注意不要自行其是，自己制订一个与课程毫无关联的学习计划，这样不仅浪费大量的在校学习时间，还可能使我们的学习进度与老师的教学发生冲突，从而影响到我们的成绩。

有个学生，从小学到初中，平时没见他怎么用功，但学习成绩始终名列前茅，在同学眼中，他是属于学得很轻松的那一类学生。同学一问到他有什么学习秘诀，他总是憨厚地笑笑，说："哪有什么经验，其实就是那么几条，多预习，多复习，做好计划。"正如他自己所说的，最重要的就是对于学习时间的科学、有效地安排。

他的学习计划最大的特点就是与课堂相结合，他非常善于利用课堂上的

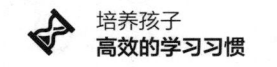

学习时间，他是在上课时听讲最认真的，也是笔记记得最详细的。这样，大部分的学习内容在课堂上就已经掌握了，课后只要花少量时间复习一下就可以，而多出来的时间他可以在自己喜欢的数学和物理上多钻研，因此他在市里的数学和物理竞赛中都取得了好成绩。

虽然，我们强调学习计划与课堂需要结合起来，原则就是白天学什么，晚上复习什么，但案例中的这个学生已经抓住课堂上零碎的时间把学过的知识复习过了，那他在课下就可以多花一点时间在自己喜欢的科目上。学习方式都是因人而异的，对于那些在课堂上没搞懂老师所讲内容的学生，就不适合用这种方法，他们应该在课下好好复习课堂上老师讲过的内容，及时复习会加深知识在你大脑里的印象，这比之后复习的效果更佳。总结下来，学习计划中应该重点复习以下几个方面：

1. 原则是白天学什么，晚上复习什么

不管你学习计划的重点是什么，比如，补习自己薄弱的科目，或强化自己的强项等，学习计划的内容必须包括你白天所学的知识，只有打好了每一天的复习战，才能确保计划长远实施。

2. 补弱项还是增强项

通常情况下，弥补弱项比起强化强项更容易获得进步。原因之一就是在强项中总结出好的学习方法往往可以适用于自己的弱项。假如你的英语处于中级水平，语文处于初级水平，那么你就可以把已经证明有效的英语学习方法用于语文，比如把英语背单词的方法用于背语文字词，把英语阅读的解题技巧用于语文阅读题等。另外，学习自己比较差的课程，使用相对低级的学习方法就可以取得进步，而越是低级的学习方法越容易掌握。

3. 解决自己在课程学习中的漏洞

你可以通过总结、分析以前做过的题目，找出自己课程学习中的漏洞，然后根据这些漏洞的严重程度以及对目前学习影响的程度，确定应最先弥补的漏洞。你可以先针对自己最弱的课程，假如最弱的课程尚未进入初级阶段，那你必须找到入门的方法，假如这门课程处于中级阶段，那就需要突破。

通常情况下，在一段时间内，比如几个月到半年，你只能解决一门课程或者两、三门课程，你不可能把考试要求的课程全部突破。你可以制订一个计划，先用三个月的时间把英语成绩提高，然后用三个月的时间来提高数学成绩。对于那些需要入门或突破的课程，每天必须分配更多的时间，比如大家一般平均每天学习英语2小时，那么你为了突破英语每天必须用3小时甚至更长时间。

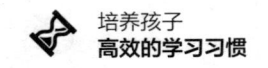

善于平衡学校安排和自我计划

学习计划是实现学习目标的蓝图,每一个学生都应该有自己的学习目标,而目标需要脚踏实地、有步骤地去完成,为了完成学习目标,制订计划努力执行,使自己每一个行动都具有明确的目的,才可以使自己离目标越来越近。有了好的学习计划,就应该把自己的行为置于计划中,具有了明确的目的,而学习生活总是千变万化的,总会猝不及防地冲击你的学习计划,总会千方百计地引诱你放弃计划。比如,有的学生会苦恼:假如自己的学习计划与学校安排冲突,特别是遇到某些老师布置额外作业时,该怎么处理?针对这样的问题,我们的建议是:老师的计划是针对大多数学生的,完全可以根据自己的实际调整,跟上老师计划的同时也要有自己的复习计划。有时候自己的计划只是用来查漏补缺的,因此我们必须有长短期两个计划,这样才能应对偶然出现的冲突。

小艾是初中三年级的学生,为了迎接即将到来的中考,她给自己制订了一套详细而全面的学习计划。比如,针对自己擅长的科目——语文,小艾希望能再加强一些,于是她规定自己每天读一篇文章,争取在一个月之内读一本纯文学小说。刚进入初三时不是特别匆忙,小艾还能够坚持自己的阅读计划,然而到了初三下学期,小艾就发现执行自己的学习计划显得有些力不从心了。

原来,到了初三下学期,老师希望同学们在复习的同时坚持做练习题,有时会额外布置一些历年的中考真题以及老师多年收集的难题、怪题。小艾为完成老师布置的作业时花费了太多的时间和精力,经常到深夜还在挑灯夜战,这样一来，自己的阅读计划就完不成了。过了两个月，小艾还没读几篇文章，而小说更是无从看起。小艾觉得很矛盾，如何来调节老师布置的作业与自己学习计划的矛盾呢？

相信这是大多数学生在执行自己学习计划时都会遇到的情况，那就是自己的计划与老师布置的作业产生了冲突，这时该怎么办？每次在课堂上，老师都强调学生要跟着学校的安排走，这个原则是正确的，因为老师比任何人都了解考试。如今许多学校也在花时间研究每天给学生布置多少作业才算是合适的，不过每一科的老师并不清楚别的老师布置了多少作业，有时会出现今天作业比较多，明天作业比较少的情况。

除此之外，一个班级学生的学业水平是不相同的，完成同一份作业对好学生而言可能是非常轻松的；而对于成绩差的学生而言可能就很难完成。对于一个学生而言，有些科目的作业很容易完成，而另外一些科目的作业就需要花费很多时间。假如每天晚上必须把所有的作业都完成，结果可能是按照老师的计划执行了，却没有时间来做自己学习计划内的事情了。假如每天都忙于完成老师布置的作业，学生根本没有任何自由支配的时间，也就难以按照自己的情况来进行更加有效的学习了。

那么，如何来调节这之间的冲突呢？

1. 个人计划服从课程学习

我们在制订学习计划的时候，需要保证自己的个人学习计划服从于学校、班级的计划。这两个计划的目的应该是一致的，在时间安排上可能会有矛盾，个人计划活动时间只能在集体活动以外的时间安排。假如学生可以快速地完成老师布置的作业，那他可以多花一点时间来完成自己的学习计划，当然，具体的安排还需要视情况而定。

2. 坚决保证常规学习时间

我们在制订学习计划的时候，需要坚决保证常规的学习时间，不能本末

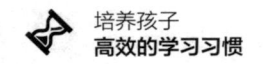

倒置。常规的学习时间主要用来完成老师当天布置的学习任务，把当天所学的新知识消化。在常规学习时间之外就是自由学习时间，你可以用这部分时间来做两件事：补课和提高。也就是弥补自己学习中的不足，发挥自己学习的优势和特长。对于那些学习成绩较差的学生而言，一开始自由学习时间几乎没有或者很少，不过随着学习水平的提高，常规学习时间会慢慢减少，自由学习时间会慢慢增加。

3. 为冲突预留空隙

学习计划的活动内容和时间安排往往与执行时的实际不会完全吻合，比如，有的学科难度很大、作业多，这样计划中的常规学习时间就会有所增加，而自由学习时间就会减少，那计划中的学习任务就有可能完不成。又如，有时集体活动比计划估计的多，占用了较多的时间，也会影响到自己学习计划的落实。因此，为了保证学习计划的实现，我们需要在制订计划时预留空隙，否则在计划受到冲击时，就会由于没办法调整而使计划落空。

确保学习计划的灵活性和可执行性

众所周知，学习计划是高效利用时间的保障，因为它具有短时适用性。学习的目标应该是长期的，而计划是短期的。我们制订的学习计划应该灵活机动，要能够与当时的学习状况相适应，假如定得太死板则会使学习计划缺乏操作性。学习计划不一定要写在纸上，你可以在头脑中有明确的时间安排，当然简单地拟个书面计划也是可以的，这样方便自己记住计划的每个细枝末节，但没有必要在形式上浪费太多的时间。而且，一天的计划也不需要把所有的科目都写进去，通常情况下，每天复习3~4个学科即可，在计划中复习要有侧重点，突出重点和难点，并加强对科目漏洞的复习。其实，制订学习计划也需要坚守许多原则，假如你随随便便就制订了一个学习计划，那它将是很难实行的。

这是一份初中学生的学习计划：

第一个学期已经过去了，新的学期已经到来。从现在起，我要把全部精力都放在学习上，努力学习，所以我要制订一份好的计划书来辅助我的学习。

学习前先预习，在认真投入学习之前，先把要学习的内容快速浏览一遍，了解学习的大致内容以及结构，以便能及时理解和消化学习内容。在关键的地方，稍微放慢学习进程。

充分利用课堂时间，课堂上要配合老师，做好笔记以帮助自己记住老师讲授的内容，特别重要的是积极地独立思考，跟上老师的思维和节奏。

课堂上做的笔记要在课后及时地复习，不仅要复习老师在课堂上讲授的

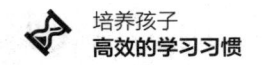

重点，还要复习那些依然感觉模糊的知识。坚持定期复习笔记和课本，并做一些相关的题目。

当然，除了长远的计划，我还有短期安排：

（1）每天早上6：20起床，用10分钟将前一天要背的课文温习1～2遍，7：00从家里出发。

（2）上课认真听讲，积极发言，做好笔记。

（3）认真仔细写作业，不对答案，认真对待每一门功课。

（4）每学完一天的内容并预习后，要用心做自己买的课外习题书，做的时候不要抄答案，不看书，凭借自己记忆去做。假如遇到不会的题，也不能马上看答案或看书，要等到全部做完之后，再去找答案。

（5）对于主课——数学、语文、英语，每学完一单元或一课时，要对照习题的讲解部分进行深入的理解和巩固，并完成练习题，写时不能抄答案，写完后可以交给老师批改或对照答案，找出错误及时纠正。

（6）每天晚上听30分钟的英语，训练自己的听力。

这是一份不怎么完整的学习计划，但对于初中阶段的学生来说，把学习计划写成这样也算是难得了。制订一份切实可行的学习计划从来都不是一件非常容易的事情。没有计划，学习效率肯定不够高。由于每个学校的教学方法不同，学生的水平也不同，学习习惯也不同，学习能力强弱也不同，那做出来的学习计划也就大不一样了，但不管是谁制订学习计划，都需要遵守以下原则。

1. 要预留一些机动时间

在制订学习计划时，时间不能定得太紧，否则一旦出现意外情况就完不成了。比如说，星期一晚上8：00～10：00学习英语，10：00～11：00学习语文，11：00～11：30准备睡觉。不如改成8：00～9：30学习英语，这样假如有些内容到9：30没有完成，那就可以延长十几分钟，假如进展得比较顺利，那就可以暂做休息。

2. 具备实际操作性

我们要从实际出发来制订学习计划，并且计划要易于执行落实，具有实际操作性。有的学生制订学习计划时，满怀信心，满腔热情，把每天的时间都排得满满的，却往往脱离实际，执行起来根本行不通。写在纸上的计划是一套，做的却又是另外一套，这样计划就失去它原有的意义了。

从实际出发制订计划，就是要从自己的基本能力出发，从时间的实际出发，为自己留出适当的娱乐和锻炼活动时间，结合老师的教学进度来安排复习、预习等学习时间，并针对自己的薄弱环节重点安排时间。

3. 及时调整和检验

制订好学习计划，并不意味着大功告成，因为计划的可行性还需要时间的检验。学习计划执行了一段时间之后，我们应该回过头来检验一下，看效果是怎么样的。假如发现学习计划难以付诸行动或效果不大，就需要找出原因，及时做出调整，这样才会使我们不断完善计划，直到自己满意为止。

第 5 章

培养自学能力，充分利用时间

　　同样是学习，为什么有的学生成绩优秀，而有的学生成绩却总是不尽如人意呢？其实差别就在于是否坚持了自学，对于学生而言，除了上课的时间我们还有许多课余时间，诸如周末、假期等。在这些课余时间里，当我们完成了老师所布置的任务之后，就可以按照自己的方式进行自学了。在课余时间自学正是成绩差距的秘密。

确定学习方向，提高学习效率

那些真正善于利用时间的学生，是不会把一切东西都往自己脑子里塞的。19世纪丹麦著名哲学家束伦·克尔凯郭尔提出了"选择你自己"的哲理告诉我们不仅要在理论上认识自己、认识世界，而且要在行动上准确地选择自己、选择生活和选择世界。选择很重要，人的一生都是由大大小小的选择连接而成的，小到每时每刻对意志品格的选择，大到在一个人生十字路口的选择。而在学习中也不例外，在学习中我们要善于定向选择，哪些是自己比较擅长的，哪些是自己的薄弱点，我们只有选择对了，学习效率才会真正地提升起来。

柯南道尔1887年在《血字的研究》中首次推出福尔摩斯的形象，为人们开出了一份福尔摩斯的学识范围简表：

（1）文学知识——无。

（2）哲学知识——无。

（3）天文学知识——无。

（4）政治学知识——浅薄。

（5）植物学知识——不全面，但对于莨蓿制剂和鸦片却非常熟悉。

（6）地质学知识——偏于实用，但也有限。他能一眼分辨出不同的土质。比如根据溅在他裤子上泥点的颜色和坚实程度来说明是在伦敦的什么地方溅上的。

（7）化学知识——精深。

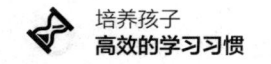

（8）解剖学知识——准确，但无系统。

（9）惊险事件——很广博，他似乎对近一个世纪中所发生的一切恐怖事件都深知底细。

（10）提琴拉得很好。

（11）善使棍棒，也精于搏击。

（12）关于英国法律方面，他具有充分的实用知识。

我们从这张简表中可以发现，福尔摩斯的知识是有自己特定结构的，任何一个有成就的人，他的知识结构都可以很好地为他的成功服务。知识是无止境的，学习却一定要有相对的范围，我们所学的知识对实现自己的目标够用就可以，不够用再随时加以补充，对目标没有作用的大可不必花太多的时间去学习。福尔摩斯的天文知识近乎于零，他曾这样说过："都说咱们是绕着太阳走的，可是，即使咱们每天是绕着月亮走，这与我或者我的工作又有什么关系呢？"

丹利和巴菲特是一对好朋友。丹利手巧，巴菲特则心灵。丹利非常喜欢动手做技术活，也非常擅长做技术活，什么机械到了他手里都能修理好，是一位天生的技术专家；巴菲特讨厌动手做技术活，也不擅长做技术活，但他喜欢读书，而且过目不忘。高中毕业之前，巴菲特已经阅读了100多本商业投资书籍。

两个人各有所长，彼此对对方都很佩服。大学毕业后，丹利发挥手巧的特长成为一家公司的技术总监，巴菲特发挥心灵的特长成为投资大师。

如果巴菲特选择了做技术，而丹利想学做投资，那么他们可能都不会太成功。每个人都各有所长，而成功的关键并不是在于你有多少特长，而在于你能不能把你最擅长的技艺发挥到最高的水平。

福尔摩斯曾说："人的脑子本来就像是一间空空的小阁楼，应该有选择地把一些家具装进去，只有傻瓜才会把他碰到的各种各样的破烂杂碎一股脑儿都放进来。这样做的后果就是，那些对他有用的知识反而被挤了出去，或者最多不过是和许多其他的东西掺杂在一起。等你要用的时候，就感到困难了。"对于学生来说，假如可以准确地在无穷无尽的知识中选择某一部分、某一领域来作为学习的方向，那就比较容易成功。

实际上，即便是智力普通的人，只要善于选定自己的方向，发挥自己的优势，那就有可能有所成就。只读到中学的英国姑娘珍妮·古道尔并没有过人的才智，但却可以正确选择自己的学习方向，她没有读数理化，而是进入非洲丛林用数十年去考察黑猩猩，结果成为一个杰出的野生动物学家。如果你的优势学科是英语，那就要努力提高英语成绩，使英语成为自己的特长。

对我们而言，学习时间是有限的，不过学习内容却是无限的，因此要学会选择，把握重点。所谓的重点就是自己学习中的弱科，以及各学科中的核心内容。确定重点之后，必要时根据学科本身的系统性，将重点内容细分为几个专题，在兼顾其他各学科学习的同时，集中一个月或几周的时间去攻一个专题，解决一个专题之后，再集中一段时间去专攻第二个专题，这样逐一攻破，不管对于补差科还是提高优势学科，都是行之有效的。

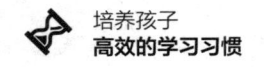

掌握自学方法，学什么都快

有人曾说："人的一生中，在校学习是短暂的，自学是经常的；在学习中，没有老师教导的时间是很多的，有老师的少；在工作中，书上能够翻到、能够直接用的东西比较少，而通过自己思考、自己想出来的创造出来的东西比较多。"可见，培养自学能力，独立地获取知识是何等重要。现在许多学生习惯于"生活难题问父母，学习难题问老师"，这个习惯让他们在成长中走了捷径，不过也在不知不觉中丧失了自学的能力，放弃了自己的主观能动性。为什么许多在校学生有经验丰富的老师传授、指导、点拨、释疑，而在考试中的成绩并不那么理想呢？原因就在于学生在学习过程中，养成依赖思想、丧失了独立思考的能力，缺乏自学精神和自学能力。

这是一位自学英语的学生所使用的自学方法：

1. 制订计划

在学习的过程中，我发现有的课程因为自己没有准备好具体的计划或是因为生活琐事而虎头蛇尾，开始时对自己说要努力并且有效率地读书，最后却总是草草收场。等到静下心来才发现自学英语需要韧性和耐力，我开始在每次考试结束之后，就准备制订下一次考试的学习计划。

在了解了大概的章节篇数之后，我就制订出要在什么时候结束课程学习、什么时候开始复习、什么时候开始做题的总计划。此外，我还会制订出更详细更具体的计划，具体到一个章节需要多少时间，一天要看多少内容，其余各门功课在一个月之内怎么安排，在一个星期之内、一天之内怎么安排。总之，写得尽量详细、尽量具体，把学习进度可视化。当然，一定要在计划中预留时间，给一些自己预见不到的事情留出时间，最后要按照计划切实进行，认真对待。

2. 见缝插针

为了让生活学习互相不影响，也为了不让计划之外的事情影响学习，我总是见缝插针，抓住一切时间学习。有时我会以不到学习时间为借口偷懒，然而后面想集中精神读书时却因为临时有事而不得不放下书本。因此，要尽量提早完成任务而不是一直拖后，不要等计划的时间，要在截止时间还没到之前就完成计划。我的方法是做学习卡片随身携带，可以充分利用零碎的时间，试着将前一天所记的内容都记在卡片上，第二天坐车、等车时看看卡片就可以及时强化记忆。

3. 及时复习

做学习卡片是一种及时的复习方法。此外，每天晚上最好要做一个一天学习的总结，明确自己记住了什么，什么还需要第二轮复习。假如没有时间，也要在脑海里把一天所学的知识进行回忆，把没有记住的记下来以便再次巩固。之前的总结也需要经常翻看，这样可以把知识融会贯通。

4. 一鼓作气

制订学习计划比较容易，但做起来却很难。一旦决定照这个计划执行下去，那就要一鼓作气，因为一旦形成习惯，感觉就不会那么困难了。比如每天早晨六点起床看书这件事，我坚持了10多天才形成了习惯，而假如我因为其他事情改变了这个习惯，那我就不得不重新开始培养这个习惯。

找到自己的自学方法，其实最终还在于自己。学习方法总是有很多，每个人都有自己独到的方法，真正适合自己的才能算是好的学习方法。有时候班上会举行学习经验交流会，这时老师会让班里那些成绩优秀的同学为大家介绍学习经验。当看到那些优等生取得了好成绩，而且能把自己学习的独到之处娓

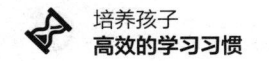

娓道来的时候，我心里真是羡慕。不过，这样的方法适合自己吗？当然不是完全适合的，所谓属于自己的自学方法，是借鉴别人的学习经验，归纳总结出适合自己的学习方法。为此，我们可以这样做：

1. 问同学

在学校里，许多同学不知道怎样处理与周围同学的关系，他们担心向身边同学请教问题不会得到善意的解答，因为考试本来就是残酷的竞争，而每个人的学习时间都十分宝贵，同学怎么可能帮助自己呢？实际上，我们要相信自己和身边的同学是朋友而非敌人。每年有上万人参加考试，只有大家互相帮助，才能一起顺利毕业。

2. 问父母

许多学生觉得自学是自己一个人的事情，父母根本帮不上忙。其实，自学与父母做好沟通是十分关键的，因为这样你才不会感到自己是孤身一人，在你身后还有爸爸妈妈的信任与支持，这是一个多么幸福的事情。一家人一起分担考试的压力，那我们身上的重担就不会那么沉重了。在自学过程中，有了困难和父母一起解决，有了成绩与父母一起分享，这样我们的自学才会变得更加从容自如。

3. 问老师

在向老师请教这方面，成绩不太好的学生内心可能会感到自卑，认为老师只会关心那些成绩好的同学，对自己根本不在乎。实际上这样的想法是错误的，我们要对自己有信心，相信自己努力之后，一定可以考出好的成绩，我们也一样可以成为一个优秀的学生。愿意在课余时间自学的学生，更会受到老师的赞赏，老师会愿意帮助我们中的任何一个，解开我们心中的疑惑，成为我们自学旅程上的引导者。

主动自觉学习，摆脱拖延症

曾有人问一个做事从不拖拉的人："你一天的活是怎么干完的？"这个人回答说："那很简单，我就把它当作昨天的活。"有人将拖沓定义为：把不愉快或成为负担的事情推迟到将来做，特别是习惯性这样做。假如我们自己也是一个做事拖拉的人，那生活中我们常常在浪费时间，做一件事情也需要花很多时间来思考，担心这个或担心那个，或者找借口推迟行动，但最后又为没有完成目标任务而后悔，这就是拖沓者典型的特点。作为学生，我们要想利用好课余时间，就要拒绝做一个拖拉的人，假如我们把今天的学习任务拖到明天，那将会为明天的遗憾付出代价。

阿尔伯特·哈伯德是一位坚强的个人主义者，他一生坚持不懈、勤奋努力地工作着，成功对他来说是理所当然的。在《致加西亚的信》中，阿尔伯特·哈伯德讲述了罗文送信这样的故事："美国总统将一封写给加西亚的信交给了罗文，罗文接过信以后并没有问'他在哪里？'而是立即出发。"拖沓、懒散的生活态度对许多人来说已经是一种常态，要想成为罗文这样的人，我们就应该拒绝拖沓。

小洋在老师和父母的眼里，绝对是一个听话的孩子，学习成绩也很优秀。本来他是爱说爱笑的学生，不过最近他总是愁眉苦脸，好像心事重重，而且总说一些让自己泄气的话"唉，我怎么这么没用啊""累死了，真不想学习了，没意思！"

班主任发现了这个问题，便把小洋叫到办公室认真询问。小洋一副很苦

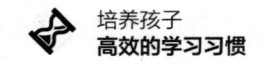

恼的样子，他说："我一直很爱学习，我有自己的理想和目标，这学期开始，我就制订了详细的计划，包括各门功课应该实现什么样的目标，在班里争取什么样的位置。为了实现这些目标，每天在什么时候、要做什么事情都做了明确的规定。而且我还分科独立制订目标，一门功课一张表。不过令我感到苦恼的是，这个计划仅仅执行了一周，第二周便不能执行了。有时我忘记了这个时间该做的事情，干脆下面的事情也不想做了；有时候觉得累，什么也不想做，就对自己说明天再做吧，结果到了第二天也没做，我到底应该怎么办呢？"老师点点头说："别着急，老师帮你分析分析。"

如果你是老师，你会怎么分析呢？小洋的计划是制订好了，不过执行不到一周就出问题了，例如今天踢了半天足球很累，休息一天明天晚上再学习；到了第二天晚上，有篮球赛，算了，明天晚上吧。结果不知道过了几个"明天晚上"，学习计划还是一点也没执行。每个学生的大脑里可能都藏着一个或几个早就应该付诸行动的想法，或许是写一篇文章，或许是早起锻炼身体，或是成绩提高10分。很多学生总想追求完美，怀有不断改进自我的希望，但是因为拖延迟迟没有展开行动。

许多学生有把今天的事情拖到明天去办的习惯，而且千方百计地寻找借口来安慰自己。但要想有时间，就必须抓住每一分、每一秒，不虚度每一天。那些总是向往明天、等待明天而放弃今天的人，就等于失去了明天，结果只会一事无成。放弃时间的人，时间也会放弃他，没有一种不幸可以与失去时间相比，我们应该避免这种不幸。那么，我们应如何行动呢？

1. 留机动时间

学习计划太完美了并不是一件好事，假如你的计划太过完美，内容、时间都规定得很具体，一环扣一环，那么一个环节出现了问题，所有的行动就全部实现不了了。因此在制订学习计划的时候，一定要留有余地，有足够多的机动时间。

2. 符合自身实际情况

有时候造成计划实行不了的另外一个原因是制订计划时没有结合自己的实际情况，例如自身的实际能力、环境的需求等，前文小洋的计划也存在这样的问题，他把目标定得太高，没有考虑每天其他的时间和安排。

3. 拒绝懒惰

有时候我们因为懒惰而没有坚持完成计划，一直到"老大徒伤悲"时，才会感叹自己"少壮不努力"。

4. 做事要立即行动

有时候我们做事情太过犹豫不决，迟迟未见行动，一再拖延。我们看着制订好的学习计划，总是对自己说："等一等，等我准备好了就一定开始。"不过，准备又准备，从未就绪，然而时不我待，如果你迟迟不肯付诸行动，就永远没办法成功。

5. 不要总是寻找借口

有时候我们为了一时的快乐放弃已经确定的目标，我们常常为自己耽误时间而后悔，却又不能及时地约束自己，到最后一事无成。不要总是找借口安慰自己，比如"这种方法不错，可不适合我""我已经发誓早起很多次了，可就是做不到，看来我的天性不适合早起""我一看书就困，试过很多次了，看来，我与别人不同，不适合晚上看书"，这些理由看似合理，实际上都是自欺欺人的想法。拒绝任何借口其实很简单，那就是马上采取行动，而且现在就开始，任何借口都是多余的，成功之计在于马上行动。

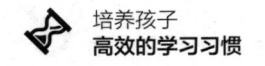

因时制宜，充分利用课余时间学习

同样是学习，当你埋头苦读挑灯夜战而成绩依然徘徊不前的时候，你是否对那些从来不熬夜但学习成绩名列前茅的优等生充满羡慕呢？实际上，对于学习而言，我们除了需要抓住上课那宝贵的45分钟之外，更需要充分利用课余时间。当然，利用好课余时间并不是说尽我们所能把所有能利用的时间都利用完，没日没夜地做习题、背书，这样反而会适得其反。我们所需要做的是有效利用课余时间，在有限的时间里发挥无限的学习效率，这样才是最高效的学习方法。

课余时间并不是做与课堂完全无关的事情，正好相反，我们应该利用好充裕的课余时间将自学进行到底。因为自学是一种能力，它培养和锻炼了我们的思维能力、分析能力、综合能力。那么，我们应该怎样利用课余时间自学呢？

1. 多阅读

阅读是知识的重要来源，在课余时间我们可以多阅读课外书。速读和精读相结合，阅读前先看目录、图表以及插图，先有了大致的了解后再阅读正文就可以学到更多的知识。当积极的阅读者，不断地提问，直到弄懂字里行间的全部信息为止，尤其是弄懂知识的起点和终点，梳理好知识要点。

2. 调整心态

在课余时间，我们不要回避问题，遇到问题可以通过找老师、同学或者进行自我反思来调节，摒弃压力，自觉地放下思想包袱，化压力为动力。在课下经常给自己积极的心理暗示，增强自信。一旦在学习中遇到了挫折而心情烦躁的时候，就暂停学习，一个人安静地思考，进行心态的调整。

3. 整理错题

许多学生觉得收集错题比较浪费时间，实际上收集错题不在多而在精。收集太多的错题一方面浪费时间，另一方面复习时会因为错题太多而没有重点。我们可以先听老师分析、讲解，收集一些典型而容易错的题，注意不要把答案抄下来，然后仔细回味。你可以几天甚至几个星期都不去看它，直到你将那道题差不多忘记的时候再提笔做一遍，如果难以做出再向老师请教，这样就会加深印象。

4. 写日记

在课余时间，我们可以养成写日记的习惯。日记里可以有意识地写一些学校、家庭发生的事情，不必追求篇幅，长篇大论也好，三言两语也好，写下自己的体会、看法就可以了。除此之外，也可以总结一天的收获或发泄一下心情，在压力非常大的时期，写日记还可以减轻压力。

5. 与同学互帮互助

在课余时间，我们要开心地与同学相处，遇事不斤斤计较，宽容豁达。珍惜同学之间的友谊，在学习中互相支持和帮助，课后可以一起讨论学习中的问题，使用不同的解题方法并相互交流心得。假如有了这样和谐的同学关系，那我们也可以全身心地投入学习之中，从而使自己保持较高的学习效率。

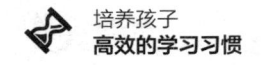

利用寒暑假巩固学习成果

我们总是希望抓住一切可以利用的课余时间进行学习,然而,许多学生却忽视了对寒暑假的利用。实际上,寒暑假是学生自我调整、自我巩固提高的关键时期。在寒暑假里,学生的学习将由在校时的被动学习变为完全靠自己的主动学习,因此,我们要制订一套合适的学习计划和假期作息时间表,做到学习有计划,生活有规律。当然,寒暑假我们在家里没有在校集体学习的氛围,不过也不能想什么时候学就什么时候学,或学到哪儿算哪儿。假期的学习计划一方面要包括学习知识内容的计划,比如完成寒假作业、薄弱学科的补习以及课外学习等;另一方面还要包括整个假期的活动安排,比如什么时间和家人串亲访友、什么时候进行体育锻炼以及什么时候学习等。

这是一份学生制订的假期学习英语的计划:

1. 总则

坚持每天充分利用一切可以利用的时间学好英语,因为没有持之以恒的学习和大量的时间做保障,一切都是空谈;每天听写一篇文章,以此文章为中心,展开一天的学习;听、说、读、写、译五项都要练习,以听、说为主;求质不求量,透彻地掌握听写的文章,不要好大喜功,贪多求快;要抓住一套教材学习,不要盲目地更换教材;每天学习英语一定要有详细可行的计划,一定要坚决执行,没有任何借口;相信自己,一定能学好英语。

2. 分则

听力部分:除了周末之外,每天晚上10:00~12:00听写一篇5分钟左右的短文，着重听后的分析过程；早晚随身携带MP3，一有空闲就反复听这篇短文，重视精听直到听懂为止；周末看一部外国电影，复习旧内容，检查一周的学习计划执行情况。

口语部分：朗读并努力复述听写的短文，注意在朗读过程中纠正发音；每天坚持张嘴说，每周参加英语角。

总体来说，这份假期的学习计划有些简单，许多细节、重点没有涉及。其实，在寒暑假，我们需要制订一份详细的作息时间表，要把每天的学习任务、学习时间具体化，比如早晨几点起床，晚上几点休息，上下午时间如何利用等。我们要在假期里保持正常的作息时间，每天上午学习3.5小时，下午学习2.5小时。每天坚持看30分钟的新闻时事，再留出30分钟的体育锻炼时间。

那么在寒暑假里，我们该如何进行学习呢？

1. 制订学习计划

我们通过制订学习计划，努力将自己学习状态调整到最佳，以便高效、高质量地完成假期学习任务。例如，每天学习时间保持在7～8小时，学习时间最好固定在上午8：30～11：30、下午14：30～17：30、晚上19：30～21：30。不能睡懒觉，也不要开夜车。制订自己的学习计划，主要以保证每科的学习时间为主，比如，学习数学2小时，但2小时后你的学习任务还没完成，那建议你按照计划更换其他科目学习。

我们可以把晚上学习的最后1小时设置为机动时间，把白天没有解决的问题或没有完成的任务再弥补一下。每天至少进行三科的复习，文理分开，擅长和讨厌的科目交叉进行，不要前赶或后补作业。完成作业并不是目的，重要的是根据作业查漏补缺，或翻书再复习一下自己的薄弱环节。

在假期中，要认真、客观地对期末考试进行分析，看看自己哪些题丢了分，弄清楚丢分的原因，比如是基本知识没掌握好，还是学习态度不端正，或是学习方法不适合，这些都需要全方面地分析。分析之后，我们需要总结经验

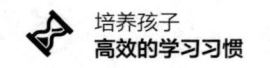

教训，为自己制订一套假期学习计划。假期的时间有限，因此我们要在假期学习中多补习薄弱科目，对薄弱环节进行加强，分析哪科没考好，冷静分析丢分原因，判断该科是不是弱科。

2. 选择真题进行训练

在假期里，我们要有针对性地进行知识复习，尽量多做历年真题，真题可以帮助我们了解考试的命题范围、题目深浅以及相关题型。做完一套真题试卷后及时核对答案，仔细分析丢分题目及原因。同时我们要把做错的题记录在错题集里，或用红笔做上记号，易于下次复习。

3. 梳理知识要点

我们可以在假期里静下心来加强概念、单词和公式的记忆，将过去所学的概念、定律、公式等知识梳理一遍。首先可以大致整理出各章节中的重点、难点、考点，找到基本概念之间的联系，让知识形成体系；然后将容易混淆的概念、定律加以对比、区分，再以适当的练习进行巩固；最后把握重点和难点，并将课本中的知识点融汇在一起。

4. 有序安排假期作业

在假期里，学生完成作业经常会出现两种极端情况：一是假期刚开始的几天拼命把所有的作业写完，以后的时间光顾着玩，到了开学把知识忘得干干净净；另一种是先尽情地玩，直到快开学了才开始写作业。它两种情况都不利于我们的学习，因此，我们要有序安排假期作业。

第 6 章

巧用"题海战术",始终保持题感和效率

在众多科目中,很多都需要通过做题来达到练习的目的。而做题是需要讲究技巧的,不仅仅是将题做完,更不能直接把答案抄上去,有效的做题技巧将会提高我们的学习效率。同样是做题,是否有技巧将决定我们最终获得的分数。

掌握答题技巧，独立做题不发愁

几乎每个人都或多或少地做过题，对于学生而言，做题更是家常便饭。做题是系统学习的重要环节，即运用自己的知识和思维解决题目的过程，知识和思维是做题的两个基础因素。有时候做题和走迷宫是极为相似的，比如，一个迷宫可能有多条可以到达终点的路线，各条路线的长度可能各不相同。同样的道理，一道题目可能有多种解法，每一种解法的难易程度也是不一样的。又比如，迷宫中每一条路上也会有一些岔路，我们很有可能走进这些岔路中的死路，就好像在做题时大的路线我们是正确的，却在最后几步误入歧途一样。不过，为什么大多数人不能像走迷宫那样做题呢？这是因为迷宫可以完整地呈现在我们眼前，我们在走一条路时知道还有其他路可以走，并在适当时退回到某个地方，而在做题过程中我们的思维总是单向的，这就难免会迷失方向。

这是一位高考优秀生总结出来的语文试卷做题技巧：

做题总原则：一分钟拿定一分，150分。选择题可以稍微快一点，提前5分钟左右完成。在做题之前，我们可以做一次深呼吸，然后告诉自己：欲速则不达。尽量在试卷上将自己思考的痕迹留下来，相信自己的第一感觉，绝不轻易放弃不会做的题，切记"整洁、美观、有效"的原则。这时，拿起笔，开始进入做题阶段。

1. 选择题

若是字音辨析题，做题技巧是：常见字注音正确的可能性小，生僻字通常不会标错音，审清题干，排除法是最好的方法；若是字形辨析题，做题技巧

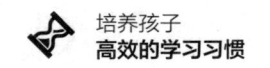

是：形近而音不同的别字通常需要多注意，而生僻字通常不会错。总的来说，选择题主要靠平时多积累。

2. 阅读题

我们以现代文阅读中的科学类文章为例，在做这类文章的阅读理解时，我们需要注重整体阅读，对于说明性的文字要抓住基本概念以及对基本概念解释的文字，而议论性的文字则要抓住基本观点以及对观点阐述的文字。认真读懂第一段和最后一段，并在头脑中大体复述各段内容，标识文章中揭示主旨的句子、揭示文章结构的句子，并用笔划出称代词、关联词、标志词。

总的做题技巧是，将题干中否定陈述转换为肯定陈述，有根据、证据、原因等字样的题干，选项与题干之间要能构成因果关系。将称代内容替代称代词，使称代词语和称代内容相一致。找出问题所涉及的内容区域，将选项与文章内容逐字逐词逐句进行比较。推导的选项要在原文中找到依据，有前因后果。注意未然与决然、原因与结果、先与后、夸大与缩小、部分与全体的区别。

由此可见，对于语文考试来说，不同的题型有着不同的答题技巧，这些答题技巧都需要我们在平时的学习中不断积累，进而在考试的时候巧妙运用。同样，对于不同的科目，答题技巧也不尽然相同，我们再来看看数学学科有哪些答题技巧。

做数学题最好的办法就是将题目的已知条件列出来，然后在条件下边列出需要求解的问题。不要都在脑子里思考，写出来才是最直观的，便于自己思考和理解。看到题目，列出已知条件，思考这道题涉及的知识点是什么，这类知识点通常有哪些解题方法，从这类题目的方法入手思考，看已知条件是否可以直接得出结论，假如已知条件不能直接使用，怎么样通过已知条件推出所需条件再去做题。

这些答题技巧都需要我们在平日做题时不断积累。我们平时学习例题或者做作业时，不仅要将题目做出来，也要总结做题时的技巧和方法，将这些答题技巧记到笔记中，在之后做题的过程中不断验证、强化，这样才能在考试的时候轻松运用，取得好成绩。

利用好错题集,提高复习效率

整理错题集是宝贵的学习方法之一,许多人都有这样的问题,同一个错误常常一犯再犯,而整理错题集则是解决这个问题最有效的方法。我们可以对每个做错的题目进行详细的分析后写在错题集上,经常翻看以避免同一个错误再犯第二次。整理错题集,一是可以提高我们的学习效率,我们对于自己犯错误的地方比不犯错误的地方印象要深刻得多。在时间不是很充裕的情况下,需要重点查看自己的错误,这样可以使自己在短时间内抓住重点,从而达到提高学习效率的目的。二是通过错题集使自己看到进步的地方,对于过去做过的题目,经过错题集纠正后让自己不再犯类似的错误,时间长了就会增强自己的自信心。

对于错题集,一位在高考中取得优异成绩的学生有话说:

对于错题,建议同学们一定要重视。我不建议买许多练习册,这样你可以腾出时间来复习你的错题。错题应该做笔记,不用抄题,只要简单地写清犯错的地方就可以,因为你曾经做错过,一眼就能看明白这是怎么回事。比如,我的错题集上曾写过"立体几何要注意线段的比例",这些别人可能不明白是什么意思,我自己却清楚。当我在做立体几何题的时候,空间中的一个点投影到平面中某一条线段上时,我总是不自觉地认为它投影到了这条线段的中点。我曾经犯过很多次这样的错误,便开始记录下错误的关键点来提醒自己。以后看到这句话,我就会想起自己曾经犯过这样的错误,慢慢地就不会再犯这样的错误了。

第6章
巧用"题海战术",始终保持题感和效率

从初中起我就一直保持着做好错题集这个习惯,从错题中吸取教训,不断反思、调整,可以帮助自己弥补学习中的漏洞。曾记得我在初中的英语错题集上记过这样一条:"so as to 不可用于句首,而 in order to 可以用在句首。"在高一的一次练习中又遇到了这个问题,由于对错题集上的内容记忆比较深刻,这个错误就再也没有出现过了。

其实,大考前做无数的题目、进行无数次的测验,是因为这样可以使我们在大考前充分暴露自己的不足,及时查漏补缺,以免再犯同样的错误,这样就可以在考试中取得优异成绩。做题、考试的最终目的不是暴露自己的错误进而影响自己的心态,而是根据错误查漏补缺,建立错题集就是查漏补缺的最好方法。

我们可以给每科都准备一个笔记本专门用来记录做错的题目,错题的摘抄可以采用剪切的方法,把错题从习题册和试卷上剪切下来。假如有自己的做题过程,把自己的错误答案也一并剪切下来,然后粘贴到错题集上,这样就可以节省抄写做题的时间,提高效率,同时也可以看到自己当时是怎么做题的。

错题集建立之后,一定要经常翻阅、经常思考、经常总结,否则就体现不出错题集的作用。自己决定时间间隔定期翻看,比如一周看一遍,或者半个月看一遍,也可以学完每一个章节看一遍。经过一段时间翻看之后,对于完全掌握的错题可以直接划掉,而那些剩下的加上新增的题目要继续定期翻看。建立好了错题集了还需要我们坚持回顾,只有长久地坚持才会有效果。

假如其他同学也有错题集,可以和他们交换学习,这样我们就可以从别人的错误中吸取教训。当然,每个人的情况不同,别的同学常犯的错误我们可能不会犯,那需要做的就是寻找出其他同学与自己犯的相同错误,或者涉及同一个知识点的错误,然后去分析出题人是如何设计题目的,为什么大家都容易在这道题上犯错。

经过一段时间的记录以后,需要对错题集的内容进行分类整理,这时找

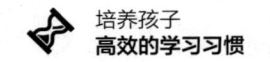

出另外一本笔记本进行记录。可以从三个角度进行分类：一是错误类型，比如注意力不集中导致的错误、记忆问题导致的错误、做题思路问题导致的错误等，这里只需要记录最后得到的结果，自己看得明白即可，这样可以更有针对性地克服相关错误；二是错题涉及的章节，按照错题涉及的知识点在课本里的章节进行归类，属于同一个章节的归在一起，这样就可以从知识体系的角度知道自己的错误集中在哪些地方，有利于我们从整体上把握知识、理解知识，有利于我们厘清知识结构，综合掌握知识，灵活应用知识；三是错题涉及的相关知识点，比如，涉及动能定理的错题有哪些，这样可以使自己对一个知识点的不同考察角度把握更加全面。

做题目讲究质量，而不是数量

做题是系统学习的一个重要环节，它对于巩固和消化课堂学习成果，培养和锻炼分析、解决问题的能力至关重要，特别是最后的考试也是以做题的形式来检查我们的学习成果，因此做题的重要性显而易见。不过，需要明确的一点是做题的目的不是为了做题，这不过只是个过程，最终目标是彻底掌握题目涉及的相关知识，以及对自己思维能力进行锻炼。比如，通过做题我们可以把容易混淆的概念区别开来。

在做题的过程中，思考是十分重要的，要有自己的做题思路，而不是对照答案，以为看懂就真的掌握了。假如有自己不会的题，可以通过答案来熟悉做题过程。然后看一遍题目，测试一下自己能否顺畅地厘清做题思路。

总的来说，我们要养成以下几个做题习惯，以提升做题质量。

1. 做好知识储备

做题的过程就是运用知识的过程，我们要通过这个过程达到彻底掌握知识的目的，因此做题之前一定要有相关知识储备。许多学生基本概念不清楚、公式不熟悉，在做简单题、基本题时需要用到基本概念和公式就去翻书本，遇到一些和书上例题有些相似的难题时，因为记不清楚例题的解题思路又要去翻书本。这种在没有多少知识储备的情况下做题是没有任何意义的，因为做题是在掌握基本知识和已经归纳总结的基础上继续查漏补缺、继续归纳总结的过程。

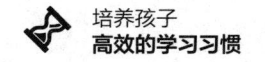

2. 审题很重要

许多学生为了节约时间往往不仔细审题，然而漏看了题目中的某个条件就会无法下手，曲解题意则答案肯定是错误的，因此审题是做题的第一步，也是最关键的一步。仔细审题并不会花费太多时间，相反还可以节约时间。比如，如果漏看了一个条件，原本很容易的题目就成为没有解的题目了，还需要虚耗时间去想解题思路。

3. 做高质量的题

首先，我们可以参考历年的中考真题选择涉及关键知识、重点知识的典型题目。通过熟悉中考真题来判断哪些题目适合自己做。

其次，每个人对知识掌握的情况不一样。有些题目对别人来说是难题，不过自己已经掌握了；有些题目对别人而言是简单题，不过自己还没有掌握。因此，选题时要偏向于自己的薄弱环节，精力集中在需要重点提高的地方。

再次，正式考试的试卷通常包含百分之三十的简单题，百分之五十的中等题，百分之二十的难题，只要我们能够掌握简单题和中等题，分数就不会低。除此之外，难题通常由几个有内在联系的基础题通过一定形式组合形成，基础题掌握好了就为解决难题打下了扎实的基础，所以在选题时要注重基础题，少做些难题、偏题和怪题，否则不仅浪费时间，而且对成绩的提高没有明显效果。

最后，我们要注重选题的质量，盲目做题会浪费许多时间，我们不是为做题而做题，而是为了更好地掌握知识而做题。提高题目质量的最佳的办法就是多思考、多归纳总结。尽管我们反对题海战术，不过一定量的题目训练还是有必要的，因为只有在完成一定量的题目的基础上，才可以有足够的材料进行归纳总结。

4. 克制忍不住看答案的坏习惯

许多学生遇到自己不会的题就马上翻看答案，这是个十分不好的习惯，因为独立做题是锻炼思维能力的一个方法。假如我们遇到难题就马上看答案而没有自己的思考，就没办法知道自己的思路和正确的解法之间有什么差别，只有在暴露自己错误思路的前提下才可能纠正自己的错误想法。

首先我们可以尽力在脑海里搜索课本上的基本概念、基本公式、以前做过的类似的题目，以及自己归纳总结的相关内容，这些或许就是解答难题的突破口。如果实在回答不出来，就先做别的题目或别的事情，过一段时间再来做，或许思路就打开了。最后，如果还是想不出来，就参考一下答案，不过要把答案捂住，先看最初的一两步，思路上有了启发就试着自己做一下，实在没有思路再继续往下看。

5.考前冲刺做题

平时做题的目的是掌握知识，所以做题速度可能有点慢，然而考试要求我们在规定的时间内做完某一科的一张试卷，这除了要求我们掌握知识外，还要求我们适应这种考试的形式。所以在冲刺阶段一定要做一定数量的模拟试题，严格按照考试的时间限制来完成试卷，保证在限定的时间内完成所有题目。经过长时间的训练，这就会成为一种习惯。

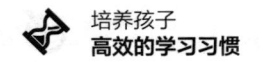

规范答题思路，选择性做题

做题并不是题海战术的同义词，所谓"题海无边，题型有限"，不管你学习哪个科目，必须要有扎实的基本功，有了扎实的基本功再进行深度的学习就水到渠成了。当学生掌握了一定的学习方法之后，坚持每天做一定数量的练习题就显得十分重要。当然，做题的前提是对学过的知识有了透彻的领悟，做题不光要做难题，简单、中等、难三类题都要去做，把比例控制在3∶5∶2为最好。这样可以避免难题会做，但中等题和基本题总是准确率不高的现象。比如，小学生五年级之后就要坚持每天做十道左右的题，为了提高学生的做题速度，根据题目的难度每次限时40~60分钟，然后由父母严格计时并根据标准答案判分，记下那些不会做的题目，整理成一个错题集。其实，做题还有一个目的就是要培养学生举一反三、融会贯通的能力。学生刚开始做题一定要透彻、深刻地掌握所学知识，否则题做得再多也只会事倍功半，达不到预期效果。

说到做题，成绩优异的佳佳就要支招了：

纯粹的题海战术是毫无意义的，但适当的做题绝对是有必要的。这可以用一句哲学术语来表达：认识要在反复实践中深化、扩展、向前推移。

学生的实践就是做题，假如我们要想更好地掌握知识，就需要不断地做题实践。只有通过做题我们才能发现自己的知识盲点，并及时地加以弥补。同时，在做题时可以整合知识，摸索答题思路以及技巧，从而让我们的答题过程更加顺利。比如，数学这个科目唯有通过做题，才能熟练应用各种公式与技巧。当然，做题需要适度，更需要在巩固课堂知识的基础上做题。

做题需要有选择性，我们可以在听课时领会各个知识点的内涵，再通过做一些具有代表性的题加深理解，然后去看课本，再次理解知识点。在学习过程中，做题并不是目的，而是一种手段，做题是为了达到更深的理解。

做题时还需要重视基础题，平时不能专门找难题做而轻视基础题，其实中考中为数不多的难题也就是若干基础题的组合。

做题既能考查我们对知识点的掌握程度，提高灵活运用知识的能力，同时还可以帮助我们激发学习的热情，开阔思维，积累经验。但是不管我们怎么样勤奋和努力，也不可能做完所有的题目。因此，有选择性地做题并掌握做题诀窍才可能脱离题海，并从有限的题目中获得最大收益。

在选择题目时，我们可以问问自己什么样的题适合我们的实际水平？哪些题能提高我们的学习成绩？需要花时间做些什么样的题？怎么样才能获得它的价值？

或许，许多学生仍有一些困惑，下面我们就一起来看一下：

1. 什么是选择题目最重要的原则

学生应该针对自己的薄弱环节选择一些相应的练习。假如是基础知识不扎实，那就应该选择做一些基础性强的题目，尤其是教材上的例题。在选择之前一定要找到自己的薄弱环节，而不是盲目地做题。

2. 做难度高的题就一定可以提高自己的成绩吗

这个问题因人而异，假如自己基础很好的话，可以选择做一些难度稍大、层次较深的练习题来提高学习成绩，不过不能一味地认为题目越难就越好。假如我们平时在难题、怪题上耗费了过多的时间和精力不仅得不偿失，而且常常会因为没办法解答出题目挫伤学习积极性和自信心。

3. 已经巩固的知识点还需要做题练习吗

为了提高学习效率，我们需要合理地安排学习时间。对于那些学得好、已经巩固的知识点，我们可以少花点精力和时间，适当做一些典型的题就可以

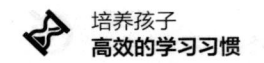

了，用不着大量做题。我们可以把更多的时间花在学得不好的知识点上，多找些习题对自己的薄弱知识点进行练习，以弥补这方面的不足。

4. 需要做基础题吗

有的学生常常会出现成绩大起大落的情况，一般来说是因为基本功不扎实。在平时的考试中，通常考的都比较基础，只有个别难题。假如你把基础题答对了，就能得到一个比较高的分数。只要基础打得好，会灵活运用学过的知识，成绩自然就会稳定上升。实际上，难题的突破点也不过是灵活转化了的基础知识。所以我们需要多做基础题，训练好自己的基本功，这样不仅不会浪费我们的时间，而且会提高我们的学习成绩。

5. 同一个类型的题需要多做吗

同一种类型的题就是已知条件和所求问题上都有相同特征的题，我们做题应该选择具有广泛性的题来做，完全同一个类型的题不用多做。我们可以把注意力多放在老师推荐和补充的题上，因为这些题目是老师多年教学经验的浓缩，更具有代表性。

第 7 章

善于管理时间，做时间的主人

　　世界上有一个奇怪的银行，它给每个人都开了个账户，每天都往大家的账户上存入同样数目的资金，令你当天用完，不准把余额记账，也不准预支和透支。你知道那是什么银行吗？对，时间。作为学生，要养成管理时间的习惯，争做时间的主人。

掌握技巧助你学习时间更充沛

爱因斯坦曾说："人的差异产生在业余时间。"我们从这位科学家的话里，就可以看出他是多么重视、珍惜时间，同时也是管理时间的高手。对于我们学生来说，没有时间保障，学习就没办法顺利进行，所确定的目标和计划也就没办法实现。如今，学生的学习负担较重，而拥有的学习时间有限，自己可以支配的时间并不多，合理安排时间就显得非常重要，因此要充分利用一切可以利用的时间，来执行自己的计划、实现自己的学习目标。在学习过程中，要养成珍惜时间的好习惯：切实加强学习的计划性，按计划进行学习，在最佳的学习时间里尽量多安排学习任务，所谓乘胜追击，就是这个道理；养成良好的学习习惯，比如上课认真听讲，不做小动作，自习时不要一边看电视或听音乐一边解题等；注意在每天睡前做总结，看当天的学习任务是否完成及时间是否抓得紧等；要牢牢记住今天的事情今天完成，不要总安慰自己明天一定能完成，更不能养成拖沓的坏习惯。

一位高考状元在谈到学习时间时这样说道："刚上初中时，我的学习成绩并不是很好，只是年级的中游水平。后来我能够成功地考入北京大学，一个很重要的原因就是我能够笨鸟先飞，平时寒暑假、节日放假的时间我都能合理地安排。"

寒暑假如何安排？他说："我会在寒假时先预习一下下一学期的课本，尤其是英语课，可以提前去借课本，也可以去买课本和相应的课本同步资料。然后给自己制订好假期计划，每天看多少书、做多少题，双休日则逛街、打羽毛球、逛书城，有时还和朋友去游览周围的风景名胜。这样劳逸结合的学习让我兴趣更为浓厚，因为在玩中印证书本知识使我十分兴奋。就这样一个假期下来，我对下学期要上的课已经基本熟悉了。课堂上，一方面把已经掌握的知识复习了一遍，另一方面不懂的知识又可以在课堂老师讲课时解决，这就是我笨鸟先飞的招数。我在初二上学期结束的时候，已预习完初中阶段的英语课文，对语文基础知识手册的基础内容也有所了解，这样，为初三系统全面地复习减少了阻碍。"

其实，学习就是这样，按照老师的教学进度把时间妥善地安排好，按计划学习。通常情况下，学习时间的安排不宜太长，也不宜计划得太细，以免在执行过程中因为一个突发情况而打乱之后的安排。比如一周里每一天做什么，给出一个大概的时间分配即可。举个例子，这一周数学方面，要做几道因式分解的题；语文方面，要看若干篇现代文；英语方面，需要做几份试卷。

假如是在紧张的备考阶段，那对学生来说，双休日的安排还是应以学习为主，不过不一定要以学习课堂知识为主。有的专家觉得，平时课堂知识没有学好的同学，应以复习课堂知识为主制订学习计划，其他同学则应以阅读课外知识性读物为主，适当地复习课堂里的重点内容。通常情况下，双休日两天，总共安排的学习时间以8~10小时为最佳。其他时间可以按照自己的环境和条件进行安排，比如到公园放风筝、游园、打羽毛球、溜冰，还可以在家里举行家庭读书报告会、诗歌朗诵会、卡拉OK演唱会等，这就会让你过一个结合知识性、趣味性、科学性为一体的双休日。

时间对于每个人而言都是公平的，每个人每天都有24小时，然而有的学生发现自己的时间根本没办法满足学习的要求，还有一个重要的原因是他们没有利用好那些十分零散的时间，比如课间时间、等车时间、睡觉前的时间。我们很容易忽略这些零散的时间，它们看起来是如此的不起眼，但汇集到一起就不一样了，因此我们要善于利用零散的时间来学习。比如，利用这些时间记忆单词、语文基础知识、数学公式。只要你善于利用，就会发现这些零散的时间积攒起来还是十分多的。

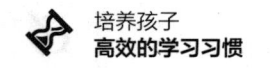

抓住学习的黄金时段，莫负好时光

学习最佳时间段就是我们大脑最活跃的时间段。每天有24个小时，我们的大脑有最兴奋、最活跃的阶段，也有疲惫而需要休息的阶段。因此，我们要想提高学习效率，就要善于利用最佳时间段，在有限的时间里最大限度地提高学习效率。当然，因为生理特点以及生活环境、学习习惯等不一样，每个人学习的最佳时间段也是不一样的。我们在实际学习过程中，要善于将普遍的最佳时间段与自身特点结合起来，这样才可以最大限度发挥自己全部的潜力。

研究证明，合理利用生物钟，掌握最佳学习时间，可以有效提高工作效率和学习效率。一天中什么时候人的记忆力是最好的呢？什么时候才是最佳学习时间呢？据生理学家研究，人的大脑在一天中有这样的活动规律：

6：00~8：00：机体休息完毕并进入兴奋状态，肝脏已将体内的毒素全部排净，头脑清醒，大脑记忆力强，这时进入第一次最佳记忆期；

8：00~9：00：神经兴奋性提高，记忆仍然保持最佳状态，心脏开足马力工作，精力旺盛，大脑具有严谨、周密的思考能力，可以安排学习难度较大的内容；

10：00~11：00：身心处于积极状态，热情将持续到午餐之前，人体处于第一次最佳状态，此时为性格内向者创造力最旺盛的时刻，任何工作都可以胜任；

12：00：人体的全部精力都已经调动起来，需要进餐补充能量。但这时机体对酒精十分敏感，午餐饮酒会使下午的工作受到重大影响；

13：00~14：00：午饭后，精神困倦，白天第一阶段的兴奋期已经过了，精力消退了，进入24小时周期中的低潮阶段，这时人反应迟缓，感觉有些疲劳，适合适当休息，最好午睡30分钟到1小时；

15：00~16：00：身体状态改善，这时感觉器官特别敏感，精神抖擞，此时的长期记忆效果十分好，可以合理安排一些需永久记忆的内容进行记忆。工作能力慢慢恢复，是外向性格者分析和创造能力最强的时候，可以持续几个小时；

17：00~18：00：体力和耐力达到一天中的最高峰时期，这段时间工作效率更高，是完成需要复杂计算和消耗脑力的作业的好时期；

19：00~20：00：体内能量消耗，情绪不稳，应休息；

20：00~21：00：大脑又开始活跃，反应迅速，记忆力特别好，直到临睡前为一天中最佳的记忆时间；

22：00~24：00：睡意降临，人体准备休息，细胞修复工作开始。

紧张的学习实际上就是脑力之间的竞争，学习的效果主要取决于大脑皮层所处的状态。所以，我们要学会科学用脑，而科学用脑最重要的一条就是充分利用好每天的最佳学习时间段。人在一天的不同时期，大脑活动效率是不一样的，学习时间的最佳选择应该是一天中大脑最清醒的时候。

从上面的大脑活动规律中，我们可以发现，一天中有四个学习的高效期，这就是学习的黄金时段，假如安排得当，就可以轻松地掌握、巩固知识。那么我们应该如何利用好这四个最佳时期呢？

1. 清晨起床后

第一个最佳学习时间就是清晨起床后，大脑经过一夜的休息，消除了前一天的疲劳并处于新的活动状态。这时不管是认字还是记忆，印象都会很清晰，学习一些难以记忆但又必须记忆的东西比较适合，比如英语单词、数学公式、语文词句等。有时候即便强记不住，只要大声读上几遍，也会有利于记忆。因此，清晨是一个最佳的学习记忆时间。

2. 8：00~10：00

第二个最佳学习时间是8：00～10：00，这时人的精力充沛，大脑很容易兴奋，思考能力状态最佳，这时候是攻克难题的大好时机，应该充分利用。

3. 18：00~20：00

第三个最佳学习时间是18：00～20：00点，这也是用脑的最佳时刻。许多人利用这段时间来复习，加深印象，归纳整理，是整理笔记的黄金时机。

4. 入睡前一个小时

第四个最佳学习时间是入睡前一个小时。利用这段时间来加深印象，尤其是对一些难以记忆的东西加以复习，更不容易忘记。

上面所述就是通常性的学习时间规律，对于不同的学生而言，还有自己独特的学习时间规律和习惯。为了提高学习效率，要善于发现并充分利用自己独特的最佳时间段。比如夏天这样的炎热天气，那就尽可能利用好早晨两小时和晚上两小时，这段时间空气凉爽，学习效率应该是不错的。

合理安排时间，将效率最大化

为了考上理想的学校，许多同学每天都埋头于书山题海之中，经常熬夜学习，这些学生的学习精神是值得表扬的，但其做法却未必可取。因为熬夜学习可能是因为他们在学习上不善于利用时间，不会制订计划、统筹安排，学习没有质量、没有效率，只会白白浪费时间。

时间是获得好的学习成绩的重要资源，一个学生在学业上的成败很大程度上取决于他对时间的利用，而成绩与时间并不是简单的正比关系。一些学生为了提高成绩，总是试图延长自己的学习时间，结果不但挤占了休息、锻炼、娱乐的时间，甚至连老师上课的时间也用在看书上。他们投入了大量时间，但因为精神疲劳等原因，时间的使用效率并不高，真正学好、学扎实的内容并没有多少。最大限度地努力学习，并非主张没日没夜地学习。那么如何才能合理安排学习时间呢？

1. 疲劳时不要强迫自己学习

每个人读书学习都有兴奋与抑制的时候，当你开始感到疲劳时，学习效果很不好，即使很努力依然厌倦看书，这时你需要适当休息，看看课外书或做一些自己喜欢的事情，不要强迫自己。假如你很坦然地面对自己的这种厌倦，通常过不了多长时间，你就会重拾对学习的兴趣。

2. 调整情绪，接受自己

很多学生学习效率不高，是由于心里经常被消极的情绪占满，每天只想自己的不足和弱点：不管怎么努力，还只是班上的中下水平；我都比平时努力

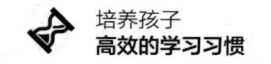

两三倍了，怎么还是考不了第一名？实际上，不是只有你才有这样的想法，其他人也会这么想。我们可以这样要求自己，但不要总是只看到自己的不足，这样会给自己造成毁灭性的打击。而且正是因为我们总想着自己不会进步，才会即使每天很努力，但最后却感觉没有一点进步。因此，我们每天都要找找自己的优点，要善于看到自己的成绩。

3. 合理利用时间

一些学生总是决定一定要好好学，结果却总是在浪费时间，原来他们对时间和效率有一种不合理的想法，认为只有安静下来的那段时间才是最佳的时间。于是，他们就开始等待这样的时间，可这种时间毕竟很少。其实，时间就在我们眼皮底下，比如上网时可以充分地利用网络资源进行学习，在路上时、等车时、散步时……这些零碎的时间都可以利用起来。

4. 主动学习

有的学生总是把近期的考试当作唯一的学习目标，虽然他们每天都在学习，但心里却对复习十分厌倦。过去了一天，他们就对自己说：终于又熬过去了一天。他们完全把复习当作一种磨难，心中很烦躁。其实，这样的学生需要换个角度想：如果没有考试，天天玩，天天享乐，上网不是查资料而是玩游戏，我们的未来该怎么办呢？

5. 期望不要太高

许多学生之所以不能有效地复习考试，主要是因为对自己期望太高，总想去摘取那些高高在上的果实，而那些不属于自己能力范围内的果实，只会让他们一次又一次地失败，进而自责和分心。而那些善于利用时间的学生，不在够不着的果实上浪费时间，而是计划着怎么样摘到跳起来刚好够得着的果实，并为之努力。

第7章
善于管理时间，做时间的主人

劳逸结合，把握好学习节奏

上天是很公平的，给每人每天只有24小时，不过，同样是24小时，不同的人会有不同的效率。有的学生善于合理安排自己的学习时间，学习、生活、休息有条不紊，学习效率也高；而有的同学却相反，不会合理安排时间，整天忙作一团，学习毫无效率可言。如果你也想学会合理安排时间，不妨以一周作为期限，制订时间计划，提前想好一周内所需要做的事情，以及所要达到的目标，然后制作一张作息时间表，填上那些必须花的时间，比如吃饭、睡觉、上课、娱乐等。安排完这些时间之后，选定合适的、固定的时间用于学习，一定要留出足够的时间来完成老师的教学任务。

古人曰："凡事预则立，不预则废。"不管做什么事情，事先做好一定的计划和准备是十分重要的。战场上，兵家讲究不打无准备之仗。生活中，我们要想享受快乐，也必须为自己的生活做一个大体规划，只有这样，你的生活才会更加从容，更丰富。学习也是这样，我们要想有效地学习，就一定要做出一个好的计划，这个计划就好像战场中的战略一样，从宏观上指引着我们的行动。

在制订一周时间计划表之前，我们需要统计非学习的活动以及这些活动各自占用的时间，千万不要占用这些时间来学习，比如吃饭、睡觉、家务及其他社交、娱乐活动时间。对于这些时间，我们需要做到心中有数，而且不在这些时间安排学习任务。这个步骤很重要，之所以不要把这些时间用来

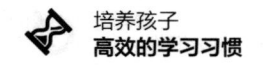

学习，也是为了更有效率地学习。否则，学习之外的活动诱惑力肯定会占了上风，当你不得不强迫自己把这些非学习时间用来学习时，效果也不会很好。

一周时间计划表可以指导我们每周学习时间的分配，在此基础上，我们可以做出每天学习时间表，不过，我们还需要注意这几个问题：

1. 确定最佳时间段

确定一天之内哪段时间你的状态最好、大脑最敏捷，那就将这段时间用在学习上。因为生理条件和生活环境、习惯的不同，人们的生活节奏也往往是不相同的。有的人学习的最佳时间是在上午，有的人是在下午，还有的学生感觉晚上学习效率最高。因此，在了解自己的最佳学习时间段之后，将最重要的事情放在最佳时间去做，就会取得高效率的回报。

2. 下课立即复习

刚下课的时间是十分宝贵的，我们可以在这时迅速地复习回顾刚才课上的内容。这段时间是我们记忆的关键时期，我们的思维仍旧停留在刚学到的知识上，那些公式、技巧对我们来说仍旧熟悉且清晰，此时对这些知识进行巩固强化，不仅不费劲儿，还有利于将其转变成长期记忆。不过仅靠课间复习记忆是不够的，我们要遵循记忆规律安排我们的学习计划，对所学内容进行多次复习巩固。

3. 避免连续学习超过2小时

在学习过程中，我们要避免连续学习超过2小时而不中断，应该安排半小时的休息时间。研究表明，人们采用"工作—休息—工作"的方式，比"工作—工作—工作"的方式效率高。学习也是一样的道理，一直不停地学习不一定可以达到预期的效果，中途适当休息一下才是最好的学习方式。所以，在连续学习超过2小时之后，我们可以从座位上站起来，伸伸懒腰，摇摇腿，吃点东西，或眺望远处转移一下自己的注意力，同时也让我们的眼睛得到休息。

第8章

拓展课外阅读，让孩子视野更开阔

　　素质教育给了学生更广阔的学习空间，进行广泛的课外阅读成为了学生的必修课。课外阅读不但可以让学生开阔视野、增长知识，培养良好的自学能力和阅读能力，而且可以进一步巩固学生在课内所学到的各种知识，对于学生开拓思维、扩展视野有着极大的益处。

每天读书可以让人最快增值

读书为学生开启了探究过去、现在、未来奥秘的大门；读书引发高雅的谈话，可以培养高尚情感以及思维的深度；读书可以促使我们关注生活，重视生命的意义。假如你不爱读书，那么需要激发读书的兴趣，兴趣是最好的老师。我们愿意每天花2小时看电视，却不愿意花30分钟看书，这就是我们很多人现在的阅读状态。对许多学生而言，学习阅读是一个缓慢、困难的过程，不过只要我们每天坚持读书30分钟，时间长了就会成为习惯，习惯久了，就会成为一种自然，读书也就会成为我们生活的一部分。

有人说："杰奎琳的第一个魅力是深不可测的智慧美。"熟悉杰奎琳的人都会说到她对书的感情。杰奎琳是一个典型的书迷，她对书的痴迷程度是常人难以理解的。就连她的丈夫肯尼迪也会惊叹："无法理解她为什么那么喜欢看书。"

她博览群书，不管什么书都看得很认真，尤其喜欢诗集、历史书籍或关于艺术的书籍。随着地位的升高和年龄的增长，杰奎琳看书更加刻苦，并通过读书不断提高自己，如此学习的精神使得她在离开白宫后仍然被人们所记住，在离开白宫后，她反而变得更有名，成为了一个更具影响力的女人。

杰奎琳的公寓和别墅里装满了各种书籍，桌子上和桌子下、沙发和椅子上，到处都堆满了书，整个别墅就像个图书馆。她经常指导朋友希拉里做一个读很多很多书的女人，在杰奎琳看来，要想成为一个传奇女人，其中的奥秘就是书和学习。

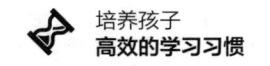

杰奎琳非凡的智慧当然应该归功于她的终生学习，即使在地位和名声日益显赫的时候，她也坚持读书，而且变得更加刻苦，不得不说她不愧于第一夫人的名号。

4月23日是西班牙作家塞万提斯和英国作家莎士比亚的辞世纪念日。1995年，联合国教科文组织将这一天宣布为"世界读书日"。书是人类文明的主要承载者，是人类无穷智慧和想象力的传承媒介，给予了人们众多情感的交集。阅读不仅能扩展我们现在的空间，还能给我们指明未来的方向。读书可以拓宽视野，丰富知识，增长才干，还可以净化心灵，陶冶情操，充实自己的精神世界。一个不读书的人目光是短浅的，精神世界是空虚的，甚至心灵也会扭曲变形，以至于善恶不分，就好像一个不完整的人浑浑噩噩过日子，自己却觉得潇潇洒洒，实际上是虚度了年华，荒废了自我。

我们要让读书成为一种习惯。有的学生可能会说："我从早到晚不都是在读书吗？"但如果不考试，你还会读吗？如果答案是否定的，那么说明你还没有养成读书的习惯。有的老师可能会说："我已经读了太多的书，我的知识储备已经足够我把工作做好了。"然而面对日新月异的时代，面对不断变化的一届又一届新的学生，你有没有过捉襟见肘的困窘？如果答案是肯定的，那么说明你还没有从读书的习惯中得到生活的乐趣。

我们要想丰富自己的知识底蕴，就要培养每天读书的良好习惯。根据自己的年龄特点和学业任务的轻重，确定每天读书的具体时间。通常情况下，早上起床洗漱后比较适合诵读，诵读时间在30分钟以内；上午、下午或晚间也要坚持看书，时间也是以30分钟为宜，晚间也不可以超过60分钟。

假如时间紧张，确实没有多余的时间用来读书，那么即便是10分钟也要坚持，规定自己每天必须读多少页，即便是每天坚持读10页，我们也一定要督促自己坚持下去，直到自己觉得每天不读书就会感到不习惯为止，这就培养了自己认真读书的习惯了。

广泛阅读，学习各个学科的知识

俗话说："三分课内，七分课外。"这句话说的就是语文学习要依靠大量的课外阅读。课堂的发言依赖于课外阅读，写作的水平更是与课外阅读息息相关，可以说，课外阅读是提高写作水平的重要保证。课外阅读并不是泛泛而读，而是要留下思考的印记，比如划出好词佳句，在相应的段落、句子旁边用关键词写下自己的感受与想法。当然，也可以做读书笔记，通常可以记下三方面的内容：一是标题，分两个部分，即主标题与副标题，主标题是你看完文章之后最深刻的思想感受，副标题是读了什么文章；二是正文主体部分的第一部分，主要写自己在什么时间什么背景下，看了什么文章，这篇文章或著作主要讲了什么内容；三是围绕着主标题的深刻感受，谈谈自己为什么会对这篇文章有这样的感受，然后结合自己的生活实际、学习情况、所见所闻等经验积累阐明进一步的想法。

让孩子自由选择自己喜欢读的书籍，本身就是尊重孩子个性的表现，由封闭式读书转为开放式阅读极大地激发了孩子自主学习的积极性。通过大量课外阅读，让孩子自己去获取、去探求、去寻觅、去掌握，从而感受到读书的乐趣，激发更强烈的读书欲望，最终形成习惯。课外阅读把追求学问变成自觉自愿的行动，有助于增强学生的主体意识，发展学生的主体能力，塑造学生的主体人格。

1. 有助于形成良好的品格和健全的人格

我们大量阅读富有人文精神的童话故事、人物传记、励志小说、世界名著缩编本等，书里的内容就容易感染到我们的内心世界。比如，一部英国儿童小说《哈利·波特》征服了全世界，连成年人都不禁为小主人公的人格魅力所折服。多读中国文学、优秀中华人物事迹更是十分有必要，比如屈原"伏清白以死直"的忠诚，李白"安能摧眉弯腰事权贵"的傲骨，范仲淹"先天下之忧而忧，后天下之乐而乐"的胸怀，文天祥"留取丹心照汗青"的爱国情怀等，几千年的民族精神都在这些文字中呼之欲出。我们在阅读课外书时，需要读懂其生动有趣的情节，心中再现栩栩如生的形象，体味关于爱、友谊、忠诚、勇敢的人类精神，从而健全自己的品格和人格。

2. 有助于积累优美语句

俗话说："书到用时方恨少。"这里的少，一是读得少，二是记住的少，因此，当我们在说话、写作文时便没什么词了。假如我们多读点课外书，多积累一些优美句子，久而久之，等到自己说话、写作文时便可以呼之即出，信手拈来。

3. 有助于我们提高写作水平

不少学生在认识上都存在一个误区，总觉得看课外书就是看闲书，他们恨不得自己每分每秒都在听写、背诵、写作文，好像只有这样才能提高自己的语文学习水平。其实，课外阅读对于语文水平的提高有着非常重要的意义，"读书破万卷，下笔如有神"，多读书可以提升你的写作技能。

第8章
拓展课外阅读，让孩子视野更开阔

多阅读不同领域的高质量书籍

有人说："无论是名扬全球的科学家、艺术家，还是一个普通百姓，都是知识改变了他们一生的命运。"知识是力量，是彻底改变一个人命运的第一推动力。在当今这个知识经济的社会中，谁拥有了知识谁就把握住了命运的咽喉，反之，若是缺少了知识，那你只能被别人主宰。拿破仑曾说："真正的征服，唯一不使人遗憾的征服，那就是对无知的征服。"拿破仑在征服了无知，获得知识之后振兴了法兰西，他用亲身的事迹诠释了这句话。读万卷书可以让我们学到许多知识，在未来的人生道路上，这些知识能够让我获益匪浅。

童第周出生在浙江省鄞州区的一个偏僻小山村里。由于家境贫困，小时候童第周一直跟父亲学习文化知识，直到17岁才迈入学校的大门。读中学时，由于他基础差，学习十分吃力，第一学期末平均成绩才45分。学校令他退学或留级，在他的再三恳求下，校方同意他跟班试读一学期。

此后，他就常与路灯相伴，天刚蒙蒙亮，他在路灯下读外语；夜里熄灯后，他在路灯下自修复习。功夫不负有心人，他的期末平均成绩达到70多分，几何还得了100分。这件事让他悟出了一个道理：别人能办到的事，我经过努力也能办到，世上没有天才，天才是用劳动换来的。之后，这也就成了他的座右铭。

大学毕业后童第周去比利时留学。在国外学习期间，他刻苦钻研，勤奋好学，得到了老师的好评。获博士学位后，他回到了灾难深重的祖国，在极为困难的条件下进行科学研究工作。

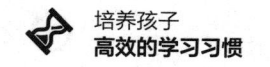

后来，童第周担任山东大学副校长时，研究了在生物进化中占重要地位的文昌鱼卵的发育规律，取得了重大成绩。到了晚年，他和美国坦普恩大学牛满江教授合作研究起细胞核和细胞质的相互关系，他们从鲫鱼的卵子细胞质内提取一种核酸，注射到金鱼的受精卵中，结果培育出了一种既有金鱼性状又有鲫鱼性状的子代，这种金鱼的尾鳍由双尾变成了单尾。这一创造性的成果居于世界前列。

读书给了童第周崭新的人生，不仅仅使他摆脱了贫穷，更令他走向了世界。徜徉在知识的海洋中，慢慢改变了命运的轨迹，更重要的是他在知识里找到了自己的人生价值。

大学问家朱熹曾经提到读书有六法，其中第四法是要切己体察、身体力行，意思就是告诫我们不能死读书、读死书，而要把读书学习与实践结合起来。用我们经常说的话就是"读万卷书，行万里路"，我们不仅要多读书，更需要将所读的书运用到现实生活中去，这样才能真正地将所学的知识应用到实践。

只要我们有空余的时间，那就要博览群书，只要是自己感兴趣的领域都可以涉猎。当然，作为学生首先应该确保我们所读的书类型是积极向上、健康的，这样我们才能从中学到知识。之所以会要求学生多涉猎其他领域的书，是因为现代社会所缺少的是综合性人才，我们不仅仅要学好书本上的知识，而且需要深谙书本以外的知识。

掌握阅读方法，提升阅读效果

著名哲学家培根说："读书足以怡情，足以博彩，足以长才。"这句话深刻形象呈现了书对人的影响力和对人心灵的塑造。阅读作为语文能力的基石，越来越多地受到大家的青睐和重视。要想在阅读中取得高分，长时间阅读量的积累、语感和领悟能力的培养是必要的前提和基础。

那我们在阅读时该怎么做呢？

一个完整的阅读过程大致包括四个阶段：感知（字、词、句、篇）——理解（形式、内容）——评价（个人看法或鉴赏）——创造（独到的见解和新的发现）。不过，传统的阅读大多停留在对文字作支离破碎的静态分析上，即使是阅读鉴赏也无非局限在评价文章的思想内容或表达技巧上，而忽略了自身在阅读过程中的感知、领悟、联想、想象等系列情感活动。其实，我们在阅读的时候，需要调动自己的情感因素，在感知文章的基础上，去揣摩、体会、感悟、联想、想象，品出自己的那份感觉，说出自己的那份见解。

通常来说，我们在阅读时可以有以下方式：

1. 联读

联读是以课本内容为基点向课外延伸的阅读。具体的方法就是运用课内学一篇，课外带几篇的方法，以学一篇带动阅读同一作家的其他作品，或以学一题材带动阅读同一题材的其他作品。这样一来，可以打开我们由课内通向课外的渠道，使我们冲出狭小的教材阅读圈，而步入文学艺术的殿堂。

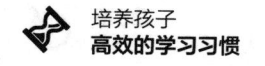

2. 诵读

古人曰："手披目视，口咏其言，心惟其义。"古人读书讲究的是口、耳、眼、心并用。实际上，诵读不仅仅适用于文言文，白话文也一样需要诵读。诵读可以充分调动读者诸多感官，容易使读者充分进入文本所描述的境界，并沉醉其中，与此同时，还可以培养语感。诵读的核心在于对节奏、语调、轻重、缓急等方面进行体悟。当然，不同的文体、不同的情感内容应该采取与之相适应的诵读方式。

3. 略读和精读

不同的文本对阅读的要求也是大不一样的，有时候需要略读，有时候需要精读。略读就是从整体上对文章进行提纲挈领的把握；精读就是逐字逐句的阅读，将应该记忆的记下来，需要揣摩的揣摩出来，应该研究的研究出来。文章的精彩段落、关键语句，都需要反复诵读、体会、领悟，这就要求对文本进行深入细致的精读。

精读包括这几种方式：体验阅读，即反复诵读，有声有色、有情有味地体验语言的美妙和情感；比较阅读，将与之相关的作品或段落参照阅读，反复比较，从而加深理解；讨论阅读，分小组讨论，提出新的问题，启发思路，深入挖掘；品味阅读，玩味赏析，由点及面，突破重点；写作阅读，依据原文，改写或续写，写点随笔或读后感。

4. 背读

背读就是把文中要求背诵的或精彩的部分，反复阅读以达到能背的程度，使其储存进记忆库里，成为稳固的知识积累，便于在以后的学习中反复咀嚼，不断领悟，从中汲取新的营养，达到阅读的最终目的。当然，我们可以掌握一些背读的技巧，比如理解背读、分段背读、结构背读等。

在阅读材料的选择上，我们可以根据个性和年龄特点来选择图书：知识单薄、视野狭窄的可以选择知识性较强的科普、文史知识类读物来丰富知识，扩大视野;语言枯涩、表达平淡的可以选择文质兼备的美文,感悟吸收,增强语感;低年级的学生可以选择晓畅明白的读物,学会感知和理解;高年级的可以选择经典名著,侧重品读鉴赏。

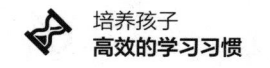

英语课外阅读，提升英语学习能力

对于英语学科而言，课外阅读同样是很有必要的。大量阅读一方面能帮我们巩固已经学过的知识，使一些词汇、句子以及语法现象能够反复出现，有助于加强我们的理解和记忆；另一方面，大量阅读可以使我们感受纯正的英语思维、英语习惯以及正确的表达方式。最后，通过课外阅读还可以培养自己对英语的兴趣。因为相对于课文，课外阅读的范围更广阔、内容更丰富，我们可以根据自己的喜好选择适合自己阅读的文章，通过爱好培养自己对英语的浓厚兴趣。

当然，我们在选择课外阅读对象的时候，还需要遵循原著。有计划、有选择地大量阅读原汁原味的英文读物才可以进一步了解英语国家的语言习惯、语言特点、表达方式、思维方式、文化背景、社会背景等，从而达到提高英语的目的。

有不少学生在阅读时缺乏系统的计划，不仅使阅读没深度、没目标，有时还是断断续续的，因此效果很差。还有的学生在制订阅读计划时，把预期目标定得太高，一旦无法完成就容易挫伤自己的阅读积极性。同样是阅读，对每个学生而言，要解决的问题却是不一样的，阅读的重点和方向也不同，因此，阅读应该有一定的针对性。比如有的学生单词记得不牢，就可以反复阅读同一篇、同一类文章，或者与课文有联系的文章；基础不是太好的学生可以选择简单的文章，而那些水平较高的学生则可以涉猎更广阔的领域。

我们在英语阅读时，应当避免以下几种错误的阅读方式：

指读：有的学生在阅读时习惯用手或笔指着文字，逐行甚至是逐词阅读，这就好像是只见树木，不见森林。这样会大大影响阅读速度，而且还会将我们的注意力集中到个别单词或单句的理解上，而不能从全文的角度去理解句子。

回读：有的学生在阅读的过程中多次将视线回到已经阅读过的句子上，给自己加大了阅读量。其实，除了遇到生单词或结构复杂的句子时，我们可以适当放慢速度以求更好地理解之外，大可不必回读。

读出声：有的学生一边阅读一边嘴里发出声音，以求更好地理解所读的内容。其实，默读的速度是说话速度的两倍，嘴唇的发声动作不仅分散了学生的思考，而且将阅读速度降低为说话的速度。同时，这样的阅读其实只是重复作者的原话，大脑很少进行思考活动，往往是阅读了一篇文章却不知道它到底讲了什么。

译读：有的学生习惯将阅读时看到的每一个单词、每一个句子都翻译成汉语，好像不这样做就看不懂文章的意思。其实这是多余的，不仅会影响自己的阅读速度，而且将阅读练习变成了汉译英练习。

既然以上方式不利于我们的英语阅读，那么，有哪些有效的阅读方法呢？

快读：用浏览全文的方法了解文章的大意和主题思想，快速对文章的整体结构形成一个总体印象。在快读的时候，尤其应注意文章的开始段、结尾段、文章中每段的段首句和结尾句以及篇章连接处和行文中的信息词，因为这往往是对文章内容的概括。

细读：我们要对文章的重点部分逐句阅读，尤其是对关键词、句要认真琢磨，便于对其有较深刻、较准确的理解和掌握。不但要理解字面意思，而且要通过推理、判断、弄清文章的潜在意思。

查读：用目光扫视一段文字，撇开无关紧要的信息，按照一定的线索去

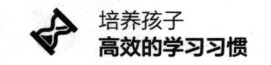

搜寻自己所需要的信息。在查读之前最好对各段落主要的内容做到心中有数，这样我们阅读起来才更准确、更快速。

英语课外读物可以说是五花八门、良莠不齐，这就需要我们认真做好选材工作，读精品才能事半功倍，效果显著。良好的阅读材料应该内容新、趣味多、语句精、篇幅短、体裁杂、范围广。

另外，双语杂志也是很好的英语阅读材料，它能够很好地提高学生的阅读思维。借助双语对照不断更正不良的逻辑判断，能很好地帮助学生理解不同的语法句型。另外，阅读这样的书籍可以丰富自己的知识面，以后碰到了各种各样的阅读题材时，甚至是各种类型的文章时就会觉得熟悉而不陌生。久而久之，不仅养成了良好的阅读习惯，也熟悉了常见句型的翻译，在做题的时候就会信心百倍。

第 9 章

敢于质疑提问，
学习要有创造性思维

很多学生不爱提问，有时候可能觉得这个问题太简单，不必问了，问出来感觉太丢脸了；有时候可能是不好意思，不敢跟老师交流。殊不知，不提问就无法让老师了解你，老师最欣赏能够提出问题的学生。所以一定要开口，一定要说话。

独立思考，别总是随波逐流

独立思考，是愚者成为智者的钥匙，遇事缺乏思考，是智者成为愚者的根源。学生需要养成独立思考的习惯，这是发现新知识，通向成功之路不可缺少的桥梁。独立思考的学生是不唯书且非常自信的人。一个经常怀疑自己的学生，也是不敢怀疑书本的，而一个不敢怀疑书本的人难以在学习过程中获得好成绩。古希腊哲学家赫拉克利特曾说："博学并不能使人智慧。"只有在学习和生活中善于独立思考，才能开出智慧的奇葩。在学习上独立思考，其本质就是在学习知识的过程中让自己头脑充分消化知识。当然，在学习的过程中，有些机械记忆和模仿是有必要的，不过知识最终要变成自己的东西，还需要经过自己的一番思考。假如不能独立思考，那就会在学海中随波漂流，人云亦云。

小城是一个善于独立思考的学生，他说："思考是个人的事情，我们要善于在思考中找到乐趣。现在，请家教、上补习班的风气得到了国家的整治，正是希望我们能更多地独立思考。其实，请家教只能提高分数，不能提高能力，而我们更看重的是能力的培养。家教的作用，假如只是再讲解一遍题目，再传授一遍内容的话，时间长了，我们会认为上课不好好听讲也没有关系，而且会助长自己的懒惰，让我们变得不爱思考，缺乏主动去寻找答案的积极性。由此可见，要想真正获得知识，掌握解决问题的方法，还得靠平时课堂里的学习，还得靠自己摸索，尤其是学会独立思考。"

独立思考是一种能力，小城说："它可以帮助我们找到规律性的东西，

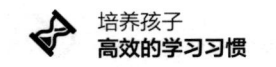

并解决一系列问题。通过思考把公式、概念琢磨透了，就可以解决相关的问题。假如我们在学习上学会了独立思考，那我们在为人处世的其他方面也会独立思考、动脑筋，不会过分依赖别人。"

除此之外，小城认为独立思考可以为自己带来前所未有的成就感。他说："当我自己独立解决了一个难题之后会非常开心，假如有人一开始就告诉我答案，那我可能就没有这样的成就感。我知道，解决难题既要有细心，还需要有恒心和耐心。"

培养自己的独立思考能力，养成独立思考的良好习惯是非常重要的。科学巨匠爱因斯坦非常强调培养人的独立思考和独立判断的能力，他说："发展独立思考和独立判断的能力应当始终放在首位，而不应该把获得专业知识放在首位。"当然，爱因斯坦是这样说的，同样也是这样做的。正是由于养成这种独立思考的良好习惯，具备独立思考的能力，他才创立了相对论，开辟了科学史上的新纪元。同样，杨振宁作为诺贝尔奖获得者，也认为学习和做研究工作的人一定要有独创的精神和独立的见解。在他看来，独创是科学工作者最重要的素质，而这又必须从学生时代开始培养。当我们还是学生的时候，就要在学习的基础上，敢于独立思考，提出独创性见解。

有这样一个故事：一个老翁和一个小孩用一匹驴子驮货物去市场上卖，货卖完了，孩子骑着驴往回走，老翁步行。路人责怪孩子不敬老，于是他们互换了位置，结果老人又被指责不爱惜孩子。老人忙将小孩抱上驴子，两人都骑在驴子上，可又有人说他们残忍。于是，两人都下来，又有人笑他们太傻，有驴子不骑。就这样经过几番折腾之后，最终他们决定抬着驴子走。

这个故事给我们的启发是：不会独立思考，不会自己拿主意，就会连普通人都做不好，更不用说做独当一面的能人了。

独立思考并不是胡思乱想，它需要一定的知识作为基础。如果没有任何知识基础，那么任凭你怎样独立思考，也不会思考出什么出类拔萃的东西。

因此，完全独立的独立思考是不存在的，人们总是在吸取前人有益思想的基础上，才可以进行独立思考，进而得出与前人有所不同的成果来。所以，对于我们学生而言，最重要的就是学习一切有用的知识，在此基础上培养自己独立思考的良好习惯。

尽管学生时期是打基础的时期，不过也要重视培养自己的独立思考能力，怎样才能使自己养成独立思考的良好习惯呢？

1. 认识到独立思考的重要性

在学习过程中，我们要认识到独立思考的重要性，激发自己独立思考的热情。或许在现在的考试制度下，有的学生不需要独立思考，只要将学过的知识死记硬背就可能取得较好的成绩，在他们看来，独立思考是出力不讨好的事情。对于这样的学生，需要及时转变想法，让自己真正领悟到独立思考的意义，这样才会主动进行独立思考，并逐渐养成独立思考的良好习惯。

2. 不能过于依赖书本

在学习过程中，遇到问题不要马上翻书查阅资料，要先自己冷静想一想，不让已有的思维习惯扰乱自己的独立思考。我们这样做并不是在否定书，而是为了养成独立思考的习惯，培养自己的创新精神。

3. 进行独立思考的活动

不要小看独立思考的小火星，俗话说得好："星星之火，可以燎原。"敢于独立思考是不拘泥于现实的可贵品质。即便自己在思考某些问题时还存在一些缺陷和不足，也要相信自己并寻找方法解决问题。

一说到独立思考，许多学生就会摇头："老师讲什么，我们就学什么；书本上写什么，我们就记什么。独立思考是科学家的事情，我们哪有这个本事啊！"确实，科学家需要独立思考的能力，但独立思考也并非高不可攀。实际上，只要我们对老师讲的有不同想法，经过思考向老师提出来就是一次独立思

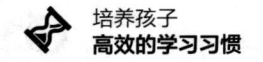

考的过程。例如，对书上的习题提出与老师不一样的解题方法就是独立思考。因此，我们在学习和生活中要敢于独立思考，善于独立思考，慢慢培养独立思考的良好习惯。

第9章
敢于质疑提问，学习要有创造性思维

有疑即问，别让问题过夜

提问是孩子的天性：天为什么是蓝的？人为什么要吃饭？大海究竟有多大？像这样的问题，哪个孩子没缠着父母问过呢？但随着孩子年龄、受教育的时间增长，我们渐渐地发现，孩子变得越来越不爱提问了。据介绍，专家们在为新编《十万个为什么》向许多学生征集问题时发现，他们所提问题与科学技术往往不搭边。并且他们还发现，学生提问的质量与年龄成反比：很多有价值的问题都是小学低年级的学生提出来的，而中学生提出的问题往往缺乏新意。不懂就问，这几乎是我们步入学习生涯之初就受到的教导，而真正将这句话施行下来的又有几个人呢？

史学大师蒙文通晚年在四川大学任教，他让学生大开眼界的是他独特的考试方式，其方法不是老师出题考学生，而是学生出问题问老师。考场也不在教室，而是在川大旁边望江楼公园竹丛中的茶铺里。考试那天，学生按指定分组去陪蒙老师喝茶，喝茶之际，由学生向老师提问，蒙老师回答。

这可以说是一个高招，因为这种方式真正将学生变成了考试的主体，享有相当的自由度。而且老师根据学生提问的水平，完全可以判定学生的专业水准。虽然学生变被动为主动了，但假如没有掌握所学、没有读懂指定的参考书，一张口问题就会显露出来。因此，往往学生的题目一出口，蒙老师就可以了解到学生的学识程度。更为关键的是，这种方式可以真正培养出学生发现问题的能力，并在与老师的互动中逐渐培养出解决问题的能力。

为什么越来越多的学生不爱提问了？原因其实是教育出了问题，我们的

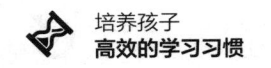

教育从小学开始就围着应试的指挥棒转了。尽管小升初没有统一的升学考试，不过学生要想进名牌初中，也需要竞赛证书等作敲门砖。而在中考、高考的压力之下，许多学生只能每天埋头于题海之中。在应试教育的影响下，好学生的标准就是能够按所谓的标准答案答题，而那些喜欢提出奇怪的问题、喜欢质疑标准答案的学生，不仅不会受到表扬，反而会受到压制。

孙中山小时候在私塾里读书学习课文时，总是先生念一遍学生跟着念一遍，好像咿咿呀呀唱歌一样。等到学生读熟了，先生就让他们进行背诵，且从来不讲解文章的意思。

有一天，孙中山来到学校照例把书放到先生面前，流利地背出昨天所学的功课。先生听了连连点头。接着，先生在孙中山的书上又圈了一段。他念一句，叫孙中山念一句。孙中山会读了，就回到座位上背诵。孙中山读了几遍，就背下来了，可是书里说的是什么意思他一点也不懂。孙中山想，这样糊里糊涂地背有什么用呢？于是，他壮着胆子站起来问："先生，您刚才让我背的这段书是什么意思？请您给我讲讲吧！"

这一问，把正在摇头晃脑高声念书的同学们吓呆了，课堂里顿时变得鸦雀无声。先生拿着戒尺走到孙中山面前，厉声问道："你会背了吗？"

孙中山回答说："会背了。"并把那段书一字不漏地背了出来。先生收起戒尺，摆摆手让孙中山坐下，说："我原想，书中的道理，你们长大了自然会知道的。现在你们既然想听，我就讲讲吧！"先生讲得很详细，大家听得很认真。

后来，有个同学问孙中山："你向先生提出问题，不怕挨打吗？"孙中山笑了笑："学问学问，不懂就要问。为了弄清楚道理，就是挨打也值得。"

提问能力、质疑能力是发明能力、创新能力的基础和源泉。亚里士多德说："思维自疑问和惊奇开始。"不管是牛顿、瓦特，还是爱因斯坦，这些大科学家的成长历程中，几乎都有年少爱问的故事。如果你也想做个爱提问的好学生，不妨从以下两点做起：

1. 每天整理疑问清单

在每天的学习过程中，我们都有许多疑问，这些问题我们整理了吗？许多同学觉得问题既然弄清楚了，就没必要记录下来了，其实这是个误区。人很容易遗忘，当这个问题被暂时解决之后，如果没有记录和回顾，下次再遇到类似的问题，我们还是毫无头绪。因此，最好的办法就是写出每天的疑问清单，包括今天都发现了哪些问题，都一一解决了吗？问题最终是怎么解决的？是靠自己独立思考的，还是在老师的帮助下解决的？假如是在别人的帮助下解决的，那自己的思维还需要哪些提升？这些都需要记录下来，以供自己复习。

2. 不让难题过夜

人都有懒惰心理，有的学生在遇到一道难题的时候，总想对自己说：放弃吧，明天再来做吧。可是，明日复明日，明日何其多？既然是今天的问题，那就今天解决，而不要把难题留到明天。即便自己不能独立解决，也要请教父母或同学一起解决难题。

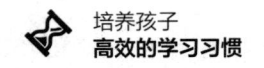

向自己发问,每天睡前自省

在学习生活中,我们除了向老师和同学提出问题外,还要善于向自己提问。向自己提问是对自己的良好总结。在大多数时候,我们只能借助外界的一些信息来认识自己,所以,我们在认识自己时很容易受到外界信息的暗示,迷失在环境里,并习惯性地把他人的言行作为自己行动的参照。而向自己提问可以帮助我们更好地从内部了解自己。

曾国藩在30岁左右的时候,给自己制订了严格的"日课十二条"修身计划,主要包含了以下内容:

(1)主敬:无事时整齐严肃,心如止水;应事时专一不杂,心无旁骛。

(2)静坐:每日须静坐,体验静极生阳来复之仁心,正位凝命,如鼎之镇。

(3)早起:黎明即起,绝不恋床。

(4)读书不二:一本书未看完,绝不翻看其他。

(5)读史:每日至少读十页二十三史,即使有事亦不间断。

(6)谨言:出言谨慎,时时小心"祸从口出"。

(7)养气:气藏丹田,修身养性。

(8)保身:节劳节欲节饮食,随时将自己当作养病之人。

(9)日知其所亡:每日记下茶余偶谈一篇,反省自己哪里做的不对。

(10)月无忘所能:每月作诗文数首,不可一味耽搁,否则最易溺心丧志。

（11）作字：早饭后习字半小时，凡笔墨应酬，皆作为功课看待，绝不留待次日。

（12）夜不出门：旷功疲神，切戒切戒。

年轻的曾国藩相信，所谓本性不能移完全是虚妄之语，他认为人的品行是可以改变的。为了追寻心中那份远大的志向，他努力改变自己，让自己的志向不再虚妄。曾国藩以自己的实际行动表明一切需要脚踏实地，他曾记载了这样一件小事：他在某个月中有三天未能早起，于是便谴责自己禽兽、懒鬼。同时，他还把自己睡懒觉、不愿意起床那一刻的想法记下来。他说："我以为别人不知道，我睡懒觉就睡懒觉，可清醒之后便想：难道仆人不是人吗？难道仆人就见不到我睡懒觉吗？既然天知、地知、别人也知，那我为何还这么虚伪呢？"

曾国藩很善于自我总结，这是一个很好的习惯，每天睡前反省自己，可以更好地了解自己。

作为学生，当我们执行学习计划的时候，也要坚持每日睡前总结，完成睡前"七问"，那么，在睡觉前我们应该问自己哪几个问题呢？

第一，我今天上课前都准备好了吗？在学校里的学习主要是上课，那仅仅是这件事自己做好准备了吗？具体到细节就是：上课前预习了吗？预习充分吗？跟上老师思路了吗？

第二，今天在课堂上我与老师互动得如何？我主动参与了吗？我是今天的主角吗？

上课是学生在老师的组织和引导下对知识的认知过程，要想提高听课的效率，那么学生的思路就应该紧跟着老师走，这样才能有效地提高课堂效率。然而，在课堂上有许多学生喜欢开小差，面对这样的情况，我们要善于反思自己，积极配合老师的教学活动，在课堂上跟着老师的思路走，从而提高自己的听课效率。

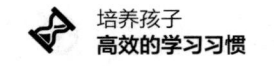

第三，每堂课，我在知识、能力、方法、技能、情感上有所收获吗？

我们可以躺在床上，回忆白天所上过的课，回想自己在课堂上学到了什么：在数学课学了什么，在语文课上得到了怎样的心灵触动，在化学课上又做了什么有趣的试验等，将各个学科的知识总结梳理一遍，加深在大脑中的印象。

第四，在课堂上我投入激情了吗？

老师在讲课的时候，我是认真看着课本，还是在搞小动作，还是跟同学讲话，还是在看小说呢？当老师提问的时候，我有在认真思考吗？还是思想开小差了。假如自己真的在认真上课，那明天要继续保持这种状态；假如自己上课不专心，那就要自我反省，下次争取改正这个坏习惯。

第五，我今天的得与失在哪里？

得，就是从课堂上学到了哪些知识，自己在思维上有什么明显的提升，自己懂得了什么道理；失，就是因为不专心听课遗漏了什么知识，哪些学过的东西没来得及复习等，失去的知识要花时间和精力补回来。

第六，明天我还有哪些任务？

临睡前再想想明天自己还有哪些任务，除了按时上课外，是否需要补习英语，或数学？阅读一篇课外文章？听一个小时的英语？

第七，今天我过得快乐吗？

我们要学会享受学习，才能体会到学习的乐趣。

我们不妨问自己，今天的学习快乐吗？快乐是因为什么呢？不快乐是什么造成的？仅仅是因为学习枯燥吗？还是自己某方面的原因？

第9章
敢于质疑提问，学习要有创造性思维

向同学请教，在共同学习中提高

在学习的过程中，不可以自以为是，更不能随便向人卖弄，也不要因为怕丢面子，而羞于向别人请教。大量事实证明，那些喜欢卖弄自己的人必将自取其辱，而虚心向他人请教的人，则一定会得到尊重。在学习的道路上，不怕不懂，就怕不懂装懂，自以为无所不知，其实就是最大的无知。学习从来都不是一件容易的事情，在这个过程中总会遇到这样或那样的困难，这时我们要虚心向那些成绩比我们好的同学请教，从他们那里吸取经验，并将其变成自己的优点。

年轻时的富兰克林很自负，有一次，一个工友把富兰克林叫到一旁，大声对他说："富兰克林，像你这样是不行的！凡是别人与你意见不同的时候，你总是表现出一副强硬而自以为是的样子，你这种态度令人觉得如此难堪，以致别人懒得再听你的意见了。你的朋友们都觉得不同你在一起时比较自在，他们都懒得来和你谈话，因为他们觉得自己费了力气反而感到不愉快，你以这种态度来和别人交往，不虚心听取别人的见解，这样对你自己根本没有好处，这样你从别人那里根本学不到一点东西，但是实际上你现在所知道的却很有限。"富兰克林听了工友的斥责，讪讪地说道："我很惭愧，不过我也很想有所长进。""那么，你现在要明白的第一件事就是，你已经太蠢了，现在还是太蠢了！"这个工友说完就离开了。

这番话让富兰克林受到了打击，他猛然醒悟，开始重新认识自己，与自

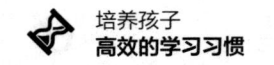

己的内心做了一次谈话，并提醒自己："要马上行动起来！"后来，他逐渐克服了骄傲、自负的毛病，成为了著名的科学家和政治家。

一个自负的人是听不进任何意见的，因为他拒绝倾听别人的意见，所以最后他还是一个自负的人，什么也不曾改变。在学习的过程中，自负会让学习停滞不前。只有懂得反省自己，在学习中遇到不懂的问题，虚心向他人请教，我们的学习才会不断地进步。

丹丹和莉莉是一对好朋友，同时也是学习上的好搭档。丹丹最擅长的学科是英语，较为薄弱的科目是语文；而莉莉最擅长的是语文，较为薄弱的科目是英语，两人正好互补。

说起两人的认识还比较有意思，当时班里组织学习小组，以两个人为单位，可以自由组合，也可以让老师撮合，原则是互帮互助，共同进步。丹丹平时在班里是一个比较清高的女孩子，因此，当老师说要组学习小组的时候，她不屑地笑了。这时莉莉来到了她身边，友好且真诚地说："你好，我是莉莉，我可以和你成为一组吗？我知道你的英语成绩很好，我希望在这方面可以向你请教。"丹丹不屑地说："我的语文可不需要帮助。"莉莉还是真诚地说："我只是希望你能帮助我学习英语，好吗？"看着莉莉真诚的眼神，丹丹竟然没办法拒绝。

于是，两人就组成了学习小组，刚开始丹丹总是拉不下面子向莉莉请教语文方面的问题，而莉莉总是虚心地向丹丹请教英语问题，就这样，时间长了，两人结下了深深的友谊，而她们的学习也得到了共同的进步。

学习中的合作很重要，合作可以让双方都得到提高。如果自己在某学科上较为薄弱，就可以在班里寻找该学科较强的同学配成学习小组。我们早一天意识到合作带来的成效，就会早一天养成合作的好习惯。此外，合作的成效并不仅仅体现在学习上，还可以体现在其他多个方面，学会合作既可以获得学习上的双赢，还会让自己在未来的人生路上多一分平坦。

在学校里学会合作，以同学之长补自己之短，可以感受合作带来的强大力量，实现双赢。合作是成功者必备的能力，我们要逐渐地培养自己这方面的习惯，使自己拥有合作的能力。

第10章

破解考试秘诀，
轻松取得理想成绩

我们在应对考试时，应善于总结经验，怀着必胜的信心。马克思曾有句名言："在科学的入口处，正像在地狱的入口处一样，一定要提出这样的要求：这里必须根绝一切犹豫，这里任何怯懦都无济于事。"考试也是一样的道理，只有那些无畏的人，才可以在考场上赢得胜利。

考试没有捷径，主动学习才是王道

成绩优异的同学们大多有很好的心态，他们对自己很有信心，比较会控制自己的情绪，遇到困难和难题时，他们总是可以尝试不同的方法去解决。他们普遍都能正确评价自己，可以找到自己合适的定位。因此，我们可以说，具有良好的心态是学习成功的重要因素之一。

有人说，每个人都是上帝咬过的苹果，假如你的缺口大，那是因为上帝太喜欢你了。人生的旅途不可能一直阳光灿烂，一定会有乌云密布的夜晚，也会有泥泞崎岖的险路，会有狂风巨浪的航段，这时需要的就是坚定的信念。

那么，面对学习上的困难，我们应怎样做呢？

1. 调整心态

世上无难事，只要肯登攀。我们要在学习中保持清醒的自我认识，努力是基础，科学的方法是加速器。人生最美好的事情莫过于实现自己的梦想，考试永远是一片充满希望的田野，任何人都可以在这里找到属于自己的坐标。

2. 立即行动

对学生而言，考试是一次考验，是一次挑战，更是一次机会。经历过中考的人说："中考是我人生中第一次如此真切地感受到命运把握在自己手里而不是任何其他人手中。"可能现在你对这句话并不是很理解，但当你真真正正地走过那一年之后，你一定会感受到其中的深意。考试作为一种相对公平的选拔方式考察着我们9年来在学业上努力的成果，我们心中应始终怀着一个信念：今天我奋斗了，或许明天醒来，我的世界就会变得不一样。

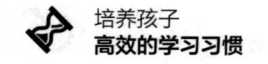

3. 主动学习

对许多学生而言，初三是烦闷紧张的时期，练习、资料常常多得让人晕头转向，茫然不知所措。其实，即便是在紧张的初三，我们也应该主动学习，自己把握节奏和时间，在跟着老师要求走的同时，及时弥补自己的不足，强化自己的薄弱之处，走一条独特的求学之路。

第10章
破解考试秘诀，轻松取得理想成绩

端正心态，轻松迎考

面对考试，我们应该持怎样的心态呢？其实最重要的就是强化信心，正确地看待考试。考试都是有规律可循的，只要平常学习都到位了，考出一个理想成绩应该是理所当然的。我们可以对自己说：考试并不可怕，它和平时作业练习没有什么本质的区别。假如你还是对自己信心不足，就要看到自己的优势以及不断的进步。要多看、多说、多想自己的优点，尤其是那些平时贪玩且成绩不太好的学生，千万不要觉得一切都太晚了就轻易放弃。当然，我们应该认真地分析自己的实际水平，从兴趣爱好以及自身能力出发来选择自己最适合的目标，既不能好高骛远也不能妄自菲薄，假如目标实现的机会大了，自信自然也会增强很多。

有学生在谈到如何应对考试时，说起了自己的秘诀。

首先，为自己制订一个符合实际的短期目标并找到学习的动力，变被动学习为主动学习。避免应付敷衍和机械地接受知识，要在学习中不断思考怎样更科学地学习。学习成绩的提高需要一个过程，我们要相信只有尽力才会有进步，只有坚持下去才会有效果。在初二时，我的英语阅读和完形填空都比较薄弱，我制订了一个计划，每天做两篇阅读和一篇完形填空，结果两个月过去了，我的成绩依然没有起色。这时一位英语老师告诉我量变积累到一定程度才会引起质变，于是，我静下心来继续按计划做。到了初三时，我的英语成绩有了明显的突破，特别是完形填空基本上没有再错过。由此可见，就算成绩暂时不是很好，也千万不要对自己失望而放弃努力。

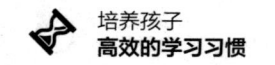

此外，我觉得要保持一颗平常心。考试临场发挥靠心态，不要在考场上给自己施压，考场上应该暗示自己：只要把自己会做的题目都做对了就是成功。在考试时不要因为试卷的难度而影响情绪。

从这位同学的经验中，我们不难看出，良好的成绩离不开以下几点：

1. 正确的心态

我们要正确面对自己学习状况的现实、面对每一次考试的挑战、面对考试的成功和失败。面对成功时，我们应该学会充分体验成功的喜悦，更重要的是学会不断地超越自我；面对失败时，应该学会善待失败——在失败中总结教训，把失败作为人生的一种历练和财富，保持积极的心态，这样才会赢得积极的人生。

2. 学会释放压力

在饱受考试的困扰时，许多学生会有心烦意乱的感觉，这时一定要找一种适合自己的方法来发泄心中的郁闷。排解的方式是多种多样的，比如听听歌、跑跑步，或找个僻静的地方大喊或大哭一场。当然，也可以找自己最信任的老师进行倾诉，毕竟老师比较有经验，同时对我们的情况也比较了解，而当我们找到老师的时候，老师的一句鼓励、祝福会给我们带来一些安慰。

3. 保持自信

我们要学会对自己进行积极的自我评价，相信自己才能赢得考试的成功。在走进考场时，可以对自己做积极的心理暗示，告诉自己：我是最棒的。实际上，大部分同学的自信来自于牢固掌握基础知识，即使你前一阶段的复习尚有不足，你也可以自我安慰，相信自己有很大的发展空间，这样就会保持轻松的心态，有助于以后的复习。

4. 做好应对准备

在考试中，我们可能会遇到许多困难，假如估计不足，缺乏应对准备，就可能影响临场的发挥状态，导致紧张慌乱。因此，我们可以先多听他人经验及建议，想想自己遇到某种情况时该怎么处理。比如，考试时生病怎么办？考试前遇到不顺心的事情怎么办？考试一开始就遇到不会做的题怎么办？万一第一门课考得不理想怎么办？假如我们事先考虑或准备得充分一点，即便真的遇到了困难，也不至于手足无措。

5. 调控自己的情绪

为了在考试中有一个比较好的心理状态，我们应学习、掌握一些情绪调控的方法，并在备考过程中进行练习，这对于稳定我们当下的情绪及处理将来大考中可能出现的紧张焦虑问题是非常有好处的。下面给大家介绍几种容易掌握且效果不错的方法：

肌肉放松：一个人的心理能否放松，跟他当时的身体状况有关，所以一定要注意利用身心的相互影响来调节心理状态。具体做法是：端坐，按照一定顺序，如先从脚开始，最后到头部，依次将每个部位肌肉群先绷紧，持续几秒后慢慢放松，意念集中在要放松的部位，仔细体会放松过程中的轻松和舒适的感觉。

深呼吸：未加训练的深呼吸使用起来往往令人感到别扭，难以有好的效果，要使深呼吸在关键时刻更有效地发挥作用，就需要进行一些训练。具体要求如下：闭目端坐或站立，用腹式呼吸的方法进行深呼吸；集中意念于腹部，均匀缓慢地吸气，时间大约四秒；屏气四秒后将气体呼出；这样反复10~20次使呼吸逐渐均匀流畅，这样就会有效地减轻或消除紧张。

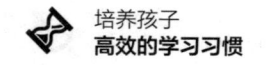

临场应试技巧，提高考试成功率

我们所面对的标准化考试要求试题的覆盖面大、题量多、区分度好，考查基本知识的同时，也注重对能力的考察，使试卷的难度较大。怎么样在有限的时间里充分发挥自己的水平，甚至超水平发挥呢？实际上，除了平时知识的积累、心理素质的强化，我们还需要掌握一些基本的应试技巧。

在考试中，常有些同学被试题外的因素困住，下面我们就一起来看一下，面对这些问题该怎么办。

1. 遇到难题就畏惧

在考试过程中，有的学生一遇到难题就卡在那里，硬是被一道题绊住了，其实心理状态很受影响。对此的建议是千万不要慌张，可以联想一下和这个问题有关的情景，如果实在联想不起来，就要学会适当舍弃。

2. 记忆堵塞

当我们正想解答某题的时候，还没动笔，那呼之欲出的灵感和记忆却消失了，这时我们该怎么办呢？

首先，我们需要保持镇静，并注意调节自己的呼吸频率，先慢慢吸气，对自己说"放松"，然后缓缓呼气，心态平稳之后，我们再考虑自己正在努力回忆的问题。

其次，我们可以采用联想的回忆方法，回忆老师在讲课时的情景或自己的复习笔记，并努力回忆与问题相关的论据和概念，把回忆的内容快速记下来，然后看能否从中挑出一些有用的材料或线索。同时，我们还可以把自己想象成命题人，在大脑中想象题目是根据哪些知识点来出的。

最后，我们可以利用其他试题来寻找相关线索。在标准化的考试中，一份卷子上有大量试题，后面的试题或许会给我们提供某些启发。不过可不要轻易放过那些有心的搜索。需要提醒的是，我们要在头脑中始终记住发生记忆堵塞的试题，假如在后面恰好遇到一个与之相关或有些联系的试题，就要仔细看看其中是否有些内容可以提供线索或启发思维。

3. 时间分配不合理

考试的时候，常常会出现这些问题，当考试结束的铃声响起时，常常有学生还没有将答案写在答题卡上，或者作文的结尾还没写。因此，考试时我们应该合理分配时间，在做完客观题的时候，就把答案填涂到机读卡上，并用两三分钟的时间来复核一遍。

4. 如何面对突发事件

在考试中，假如遇到钢笔坏了之类的意外情况，有的同学脑海里就会联想到自己考砸的结局，于是就会大冒冷汗，全身发毛，突然之间慌乱起来。面对突发事件带来的不良影响，我们首先应该放松自己，闭上双眼，利用深呼吸放松法让自己的情绪放松下来，调整好心态再继续答题。

在考场中，一旦产生容易引起慌乱的想法，要果断地对自己说"停"，同时紧握拳头，重复命令自己一次，有了一个停顿的过程之后，我们就会让注意力回到考试中积极解决突发事件，进而继续答题。

除了以上问题，我们还应掌握一些应试技巧，具体来说，要注意以下几点：

1. 做好考前准备

进入考场前，检查一下自己是否带齐了应带的证件和文具，避免因为这些小麻烦而造成心理上不必要的紧张。进入考场之后，监考老师通常会强调纪律，这时我们需要淡然面对，心态要放松，把他们看作是为我们考试服务的人员。

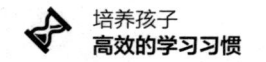

拿到试卷后，不要急于作答，应先按监考老师的交代，检查一下自己试卷的张数，然后在卷面的指定位置填好姓名、考号等个人信息，这样既可以稳定情绪，又可以避免漏填个人信息。

充分利用好发试卷的5分钟时间快速读题，了解试卷的分量、试题的类型、所考试的内容、试题的难易程度以及各题的分数分布等，这样可以做到心中有数，并合理安排作答时间。尤其是对于题多、量大、题型新、题目难的试卷，更需要注意这一点。

2. 注意答题顺序

最好是按照考题编号顺序先易后难答题，避免漏题，在解答每一道题的时候，认真审题，扣题作答。每做一道题，尤其是做问答题，首先要全面、正确地理解题意，弄清楚题目要求和解答范围，抓住重点，然后认真作答，这样才不会答非所问。有的学生不认真审题，答案完全没能抓住重点，甚至离题很远。做题时我们可以先做会做的题目，把能得的分数都得到，对于较难的题可以先跳过。

3. 不要在难题上纠缠

在答题的过程中，遇到容易的题在思想上不要轻视，要细心和谨慎，不要轻易丢了不该丢的分。遇到难题，我们可以采取"退而求其次"的策略，能做几步就尽量做几步，假如这道难题在短时间里拿不下来，可以先绕过去稍后再说。

在做选择题时要慎重，有疑问的可以先打个问号记下来，不过一旦做出决定就要相信自己的第一感觉，不要随意改动。在回答主观题时要标序号分段，答案要运用主干知识和基本观点来答题，可以适当拓宽但不需要过多的解析，保持语言的简练。

4. 认真答题

我们在答题的时候，一定要认真答题，每题必答，每分必争，每道题的答案都要做到内容正确、表述清楚、书写工整，甚至对一个标点符号也不能马虎。遇到一时难以解答的问题，需要认真分析、思考，会多少答多少，能推导几步就做几步。对分数少的问题，也要认真回答，争取多得分。整个卷面要保持整洁、清晰。

5. 认真检查

做完题之后不管对自己的作答多么有把握，都不要提前交卷，只要时间允许，就要对每一道题认真检查，着重检查是否漏题、是否切题、是否有笔误，做到有漏必补，有错必纠，努力将答案的内容包括标点符号、文字、图标都做到准确无误。在时间紧张的情况下，先检查高分题。当然，对简单的题和低分题也不能忽略，慎重的态度会让你挽回不必要丢失的分数。

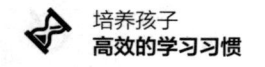

放松心情，缓解大考前的焦虑心理

学习方法是普遍的、大众化的，问题才是个人的，假如一味地记住方法，而不去发现自己的问题和弱项，那再多、再好的方法也不一定会收到良好的效果。许多学生在学习上都十分努力，他们的学习方法看上去也没什么不对，不过成绩就是毫无起色。有的学生抱怨说那些难题平日都做过，不过在考试时遇到还是会犯错误；有的学生进了考场就胆怯，根本没有平日解题的状态。假如我们在考试中遇到这样的问题该怎么办呢？

在这里，我们就针对学生们在大考时比较容易出现的问题一一予以解答，希望大家可以从中受到启发。

1. 为什么会做的题不一定能全部做对

许多时候，我们发现在考场上自己会做的题不一定可以全做对，做对的题也不一定可以拿到满分，很大一部分原因就是并没有研究出最恰当的答案，研究答案是提高学习成绩的重要环节，这一点在语文等文科类学习中体现得特别明显。如何用最简单准确的语言将你的意思表达出来，这也是一门学问，其有效的方法就是研究参考答案，答案中所体现的做题思路、表达方式都是需要我们尽可能模仿的，将自己的答案与参考答案相比较，从中发现不同之处，这样修改起来才会有一个正确的方向。

2. 大考前一定要通宵达旦地学习吗

许多学生面对大考，学习的紧迫感会增加，因此想通过通宵达旦地学习来实现自己的目标。实际上这是绝对错误的想法，即便大考在即，会学习的学生也照样早上六点起床，睡觉时间是晚上十点半，此外，中午还需要午休，每天保持七个半小时以上的睡眠。这才是健康的作息时间表，哪怕你在每天晚上入睡前还有许多事情没有做，也一定要强迫自己睡觉，可以稍微想想明天也可以做，这样的想法可能看起来有点阿Q精神。既然自己觉得很累了，为什么不尽快休息呢？因为当你疲倦时，做再多作业也是徒劳的，反而是第二天精神饱满地学习效率更高，我们所掌握的知识也更充分。

3. 不能掌握简便的做题方法，会影响自己的成绩吗

在数学考试中，有的学生只会使用一些基本的方法或做题思路，而不太了解那些巧的、偏的、怪的、难的思路。其实我们并不需要为此而担忧，考试中的习题用基本的、正常的方法都是可以解决的，尽管用怪的方法做题会简单一些，不过用正常的方法一样也可以拿到满分。而且在考试中那些只能用较为复杂的方法解决的试题是不存在的，出题人会考虑到试题的区分度，避免在试卷中出现那种只能用一种思路解答的题，因此我们完全可以选择基本的方法来做题。

4. 如何克制考试前的畏难情绪

我们要正确对待每一次考试，特别是到了初三，大考一个接一个，而且每一个都有它重要的理由，经常压得我们喘不过气来，对于这些联考、调考，千万不要心怀畏惧，而要把它们当成暴露自己问题的大好机会。平时考试错的题越多，暴露的问题也就越多，问题被解决的机会越多，下次考试时出现新问题的概率就会越小。从这个角度来说，我们应该感谢平日里的每一次考试，是这些考试给我们提供了练习的机会，是这些考试使我们在一次次跌倒后又一次次重新站起来，最后到了最高的顶点。

5. 自己学习很努力，但成绩就是提不上去

总有一些学生学习十分努力，每天埋首书本，不过学习成绩却很少有提高，之所以会出现这样的情况，原因有两种：一是目前的学习状态还处于一个

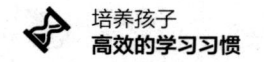

较低的平台中，想要上升到另外一个平台，需要长时间的量的积累；二是学习方法的问题，比如各学科学习时间的安排，学习效率的提高等。对于那些没有这些问题的学生而言，怎样在有限的时间里取得尽可能大的进步，怎样把时间和精力都用在刀刃上，也是需要好好思考的问题。

参考文献

[1]木紫.小学生学习习惯关键培养[M].北京：中国妇女出版社，2017.

[2]黄波.小学生学习习惯培养方案[M].北京：中国轻工业出版社，2014.

[3]万春耕.我的第一本学习方法书[M].天津：天津科学技术出版社，2011.

[4]州崎真弘.小学生学习习惯养成书[M].北京：中国纺织出版社，2021.

[5]赵玲卿.我的学习习惯没问题！[M].北京：现代出版社，2020.